Pushing Hands
Viral Marketing
on Chinese Internet

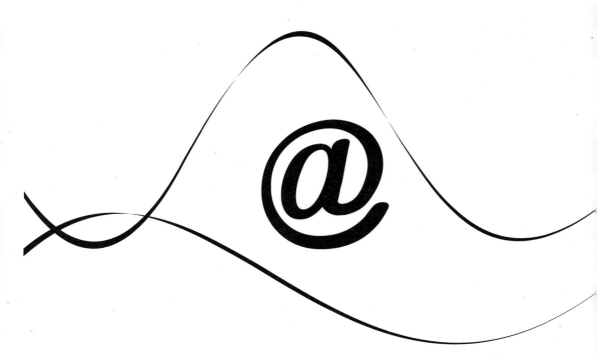

| N 开拓书系·新媒体 |

网络推手运作

挑战互联网公共空间

Pushing Hands
Viral Marketing
on Chinese Internet

■ 吴 玫　曹乘瑜 著

ZHEJIANG UNIVERSITY PRESS
浙江大学出版社

图书在版编目(CIP)数据

网络推手运作揭秘：挑战互联网公共空间/吴玫，曹乘瑜著. —杭州：浙江大学出版社，2011.1(2015.8 重印)

ISBN 978-7-308-08156-6

Ⅰ.①网… Ⅱ.①吴… ②曹… Ⅲ.①计算机网络—传播学 Ⅳ.①G206.2②TP393

中国版本图书馆 CIP 数据核字(2010)第 233275 号

网络推手运作揭秘：挑战互联网公共空间

吴　玫　曹乘瑜　著

策划编辑	李苗苗
责任编辑	葛　娟
出版发行	浙江大学出版社
	（杭州市天目山路 148 号　邮政编码 310007）
	（网址：http://www.zjupress.com）
排　　版	杭州大漠照排印刷有限公司
印　　刷	临安市曙光印务有限公司
开　　本	710mm×1000mm　1/16
印　　张	14.25
字　　数	259 千
版 印 次	2011 年 1 月第 1 版　2015 年 8 月第 2 次印刷
书　　号	ISBN 978-7-308-08156-6
定　　价	30.00 元

本 书 摘 要

在中国互联网媒介生态中出现了一种新的网络公关现象——网络推手。这一形态的基本程式包括：通过企业运作模式，组成受雇发帖人网络，并通过一系列有策划有组织的隐性操作，来影响互联网上的信息舆论动态。推手活动可以用来影响网络上公共讨论的议题设置，引导网民对某些新闻的兴趣，并可以通过网络媒体同传统媒体的交叉效应来影响中国互联网甚至大众传媒上的公众舆论。这种有组织的、以盈利或其他功利性目标驱动的网络舆论操纵模式的出现，对互联网的公共空间媒介生态构成了前所未有的挑战。互联网从它诞生的那天起，一直被认为是一个较少受到大资本或政府权力控制的媒介，一个普通民众可以相对自由发言交往的舆论空间，一个网民自己设置议题讨论自己关心问题的虚拟场所。网络推手运作的出现及其在中国互联网上的泛滥，改变了互联网的公共性和民间性的媒介生态性质，并对互联网上行为的道德规范和社会责任提出了新的、亟待解决的问题。本书是第一本运用参与观察法（Ethnography）深入研究网络推手运作的著作。作者采用网上资料搜集、对网络推手公司的运作参与观察和对网络推手从业人员的访谈等方法，从公共空间这一角度对网络推手现象进行溯源调查和综合解析。研究表明，在互联网上，商业性的网络推手运作已经相当成熟，并且形成了网络推手产业链。文章分为8个部分：1. 序言；2. 互联网公共空间的意义；3. 网络推手运作对互联网公共空间的侵蚀；4. 网络推手的历史；5. 网络推手知名案例；6. 网络推手的运作模式；7. 如何发现判断推手活动；8. 关于监管网络推手运作的若干建议。

关键词： 互联网，网络推手，公共空间，网络公关，公众舆论

英 文 摘 要

"Pushing Hands" on the Internet: New Challenges Faced by E-Publics

Internet "pushing hands" (*tuishou* in Chinese), have become a de facto practice on the Chinese Internet. It is a form of viral marketing using paid posters (*tuishous*) in covert operations for a variety of commercial and promotional purposes. A *tuishou* is defined as an agent who organizes a network of individual posters to perform commercial or promotional tasks attempted at setting up debate agendas, swaying netizens' interest, influencing online opinions, and eventually affecting mass media landscape in China's public sphere. This new phenomenon poses a serious challenge to the utopian notion of cyberspace being a decentralized public venue where ordinary individuals are enabled to perform horizontal, interactive, diversified and enlightened communication concerning their own issues and interests. Based on the findings of an ethnographic study of *tuishou* operations in China conducted in summer 2009, one of its first kinds in the Chinese Internet, this book provides a detailed description of "Internet pushing hands" including their origin and development history, the organization of posting practice, the network of the information distribution, characteristics of the content and the business strategies of locating audience. In addition, the book is particularly concerned with the impact of such operation on the healthy environment of E-publics which have so far played a positive role in the media landscape in China. The authors argue that the "Internet pushing hands," as a form of commercial online marketing, should be properly regulated so as to protect the public interests of netizens.

Key words: Chinese Internet, Tuishou, Online Viral Marketing, Public Sphere, Internet Policy

目录 CONTENTS

外一篇　口碑营销

外二篇　病毒营销

5

目

录

绪　　论

2009 年 11 月 16 日，首次访华的美国总统奥巴马在上海科技馆与中国青年对话。其后一个被称为"奥巴马女郎"的视频在网络上一夜走红。在媒体聚焦的奥巴马演讲台周围的听众中，一位中国红衣美女落座，随后款款脱衣，以一袭黑衫形态优雅地与奥巴马一起出现在电视镜头内。该视频随即传遍各大小论坛、新闻网站，国内外主流媒体也竞相报道，"黑衣美女"身份引发网友人肉搜索。11 月 24日，该美女的身份被曝光，为上海交通大学一研究生。该女生随即成为媒体追逐的"明星"，其博客网站也人气急升。随后，事件被揭秘，是该女生主动出高昂费用雇用"推手"借与奥巴马对话之际炒作自己，是一个网络推手精心策划的案例。该女生随后消失于互联网。

"奥巴马女郎"事件其实不过是中国互联网上网络推手泛滥的冰山一角。相对于受到控制的主流媒介，互联网从它诞生的那天起，一直被认为是一个普通民众可以比较自由发言自由交流的舆论空间，一个网民可以自己设置议题，讨论自己关心问题的地方。特别是在中国的政治媒介体系中，互联网更是成为一个独特的公众交流与草根民意形成的平台。作为非主流、非精英的社会公器，它为中国社会提供了一个民间舆论的亚媒体，有助于平衡传统主流媒体对舆论的控制与垄断，为社会增加了一个非主流群体发出不同声音的渠道，有助于下情上达，对中国社会的整体和谐有着正面的积极意义。

然而，随着互联网在民众中的日益普及以及在社会生活中影响力逐渐增强，各种各样的势力也加大了介入互联网的力度，试图影响互联网上的舆论。最值得注意的是一种新的网络营销、网络公关现象——网络推手的出现。这种运作是病毒式营销的中国模式，基本程式包括：通过企业运作模式，组成受雇发帖人网络，并通过一系列有组织有策划的隐性网上操作，来制造话题、操纵流量、推动某种议题信息的扩散，从而影响互联网上的信息舆论动态。从本质上讲，这是一种全新的资本对网络公共空间活动及其效果的介入影响模式。它具有资本性、隐蔽性、有组织性和快速扩散性等特点；通过与主流网站传统媒体交叉呼应，可以在极短的时间内产生有轰动效应的"热点"、"民声"、"民意"。

这种有组织、有目的、有经营方式的推手运作操控侵蚀了普通网民相互交流讨论的空间，违背了现代社会公共信息传播透明性、客观性、真实性、公共性的基本原则，有悖公共社会诚信的道德理念，玩弄了广大网民的参与热情。最值得关注的是，这种人为制造虚假的"舆情"、"民意"，在一定程度上扰乱企业间的正常与规范性的市场竞争秩序，并有可能导致某些利益集团利用网络制造"民意"，干扰国家同各级政府对真实民情的了解与决策。

在国家和社会对互联网政治与互联网舆情的认识中，有一种偏差，即将互联网上的舆论等同于自然形成的网民舆论，只是单纯地将网上出现的有群体效应的事件作为网上舆论或民意反应，通过网上帖子的数量、跟帖效应、扩散规模等来衡量民意、关注舆情。各级政府和媒体也往往根据这种网上效应事件做出反应来顺应"民意"。本书对互联网推手运作的研究，就是旨在揭示，互联网上的"热点"事件其实是可以通过一系列有策划、有组织、有协调的经营行为运作出来的。

我们的研究表明，在互联网上，商业性的网络推手运作已经相当成熟，并且形成了网络推手产业链。在网络推手产业已成气候的今天，在没有有效法律监管网络推手的背景下，中国互联网上的"热点"议题在多大程度上反映出真实的网民舆情？抑或是利益集团的炒作？这些都是值得深思与探讨的。我们特别希望通过这本书的真实揭秘，可以让广大网民、主流媒体和全体社会认识到网络推手运作的规模与真相，认识到网络推手产业继续任其发展、放任自流将带来的危害。我们希望国家相关部门出台法律法规行政条例，将"网络营销"行业列入监管范围，有效规范限制网络推手在互联网上的肆虐活动，还 3 亿网民一个相对自由的互联网公共空间。

研究方法

由于网上推手运作的隐蔽性，虽然各路媒体也有对网络推手的曝光报道，但是有关推手运作的深入研究几乎是空白。本书是第一本运用参与观察法（Ethnography）深入研究网络推手运作的著作。研究者采用的方法包括网上资料搜集与分析、进入网络推手公司工作、对运作流程做第一手的观察以及对网络推手从业人员的深入访谈等，并从公共空间这一角度对网络推手现象进行溯源调查和综合解析。

从 2009 年 8 月起到 2009 年 10 月，研究团队人员亲身参与到网络推手的各个环节中，包括以应聘方式参与到下游的发帖员群体中，参与其工作，了解他们的工作方式和收入，例如如何接到任务、如何发帖、所用工具、如何被上线检查监督等等,并且选择其中的典型代表进行结构式访谈、有偿采访的方式采访以及半结构式的访谈。此外,研究人员还以应聘的方式加入网络营销策划中心,参与到上游推手的策划中,同时通过访谈,做过知名案例的关键角色,获得许多案例信息。为了保护所有被访谈人和参与观察的网络营销公司的隐私,我们书中出现的人名、网名、公司名均为假名。

在参与观察之外,我们还搜集了许多网络上的推手案例资料,对这些案例资料进行整理分析,并且从中总结出网络推手的炒作规律。

本书分为八个部分:绪论;第一章:互联网公共空间的意义,是从公共空间理论上探讨中国互联网作为社会公器的作用与意义;第二章:网络推手运作对互联网公共空间的挑战,是从理论上总结网络推手运作的性质以及对公共传播原则的侵蚀;第三章和第四章:介绍了网络推手的源起及网络知名案例;第五章:详细解析网络推手的运作模式及其推手产业链状况;第六章:介绍了若干发现判断推手活动的途径;第七章:我们提出了关于监管网络推手运作的若干建议。此外,为了使读者更加详细地了解病毒营销的来龙去脉及其特点和运作规律,我们另外增加了三个补充章节。在搜集了大量中英资料的基础上,编译、梳理和总结了下述部分:《外一篇:口碑营销》:主要介绍了口碑营销的基本理念、性质、特点、营销方式等;《外二篇:病毒营销》:重点讲述病毒营销发展过程,创意病毒的特征以及病毒营销的运作模式;《外三篇:西方主要国家对口碑营销病毒营销的监管》:着重介绍了西方被曝光的口碑营销和病毒营销知名失败案例,以及欧盟、英国等针对病毒营销这类网上隐性商业推销活动制定的法规条例和行业自律守则等。

第一章　互联网公共空间的意义

互联网从它诞生的那天起，一直被认为是一个较少受到大资本或政府权力控制的媒介，是一个普通民众可以相对自由发言交流的舆论空间，是一个网民可以自己设置议题的虚拟场所。在国家媒体主导政治媒介体系的中国，互联网更是成为了一个独特的舆论空间。

互联网出现以前，在主流传媒上，如报纸、电视、电台，很难成为普通民众的发声渠道。主流媒体更多的是在媒体同相关部门安排下有选择性地"表达"，全面的公众声音和意见是很难听到的。互联网公共交流媒介的出现，改变了传统主流媒体控制与垄断公共舆论的局面，为普通民众提供了公开、方便、快捷、互动又有一定自我保护的公共表达空间，使之成为同主流媒体互为补充相互协调互动的一种新型媒体。

中国互联网空间的第一个意义是扩展了普通民众参政议政的空间，特别是对于年轻的、有文化的、有政治参与热情的草根民众来说，主流同精英媒体上基本没有渠道发声，互联网则为他们提供了参与政治讨论的交流平台。

2009 年底，中国网民数量达到 3.84 亿，占人口比例约达 30%，[①]高于世界平均水平。互联网同时普及全国所有城市及绝大多数乡镇，95.6%的乡镇接通宽带互联网，99%的行政村接入互联网。互联网公共空间中的民众代表性，特别是代表中下阶层的草根性得到进一步加强。值得指出的是，中国互联网的主力群体是40 岁以下有中等学历及以上的网民。在网民总数中，40 岁以下的网民占82.8%，初中及以上学历的占 91.3%，73.5%网民月收入在 2000 元以下，学生比例占28.8%，无业或失业网民比例占 9.8%，农村地区网民规模达到 1.068 亿，占整体网民的 27.8%，越来越多的弱势群体开始使用互联网。[②]

---

① 中国互联网络信息中心：《第 25 次中国互联网络发展状况统计报告》，2010 年，http://www.cnnic.org.cn/html/Dir/2010/01/15/5767.htm。

② 同上。

随着越来越多的中国网民通过互联网这一平台发表意见，交流看法，提出建议，甚至举报问题，①一个"新意见阶层"由此产生。这个群体涵盖关注新闻时事、在网上积极发表各种意见的网民。它的主体特征被概括为 35 岁以下、大专以上学历、月收入 2500 元以下等。② 由于这一群体思想活跃、触觉敏锐、关注社会公正、有批判精神、发声意愿强烈、又通晓各种互联网多媒体技术，在网上结成各种虚拟的社群，互相呼应，多角度串联，可以在短时间内在网上产生很大的舆论能量，成为不可忽视的社会意见群体。

在 2008 年、2009 年两年中，中国互联网上热点议题不断，网络舆情一波未平，一波又起，从湖北巴东邓玉娇案、南京"天价烟表局长"、杭州飙车案、上海市交通管理部门"钓鱼执法"、云南看守所的"躲猫猫"事件到广州番禺垃圾事件等。许多在主流媒体盲点内的事件被网民的揭发、报道、转载、评论，成为网上公众舆论的热点话题，并推动这类议题进入主流媒体，形成更大规模的公众舆论压力。

互联网空间第二个意义：中国媒体长期以来以行政区域为辖区、以各级政府在本辖区实行控制管理。这一新闻舆论监管模式正被无地域局限的互联网信息交流平台打破，使原本有可能被忽视或掩盖的地方事件新闻迅速成为全国性公众舆论议题。

从近两年网上舆论发展的规模态势来看，从信息量到观点数量，互联网都无可争议地压倒了传统媒体，已经成为社会舆论最重要的发源地，③成为形成新闻舆论独立源头。在"人民网舆情监测室"对 2009 年中国媒体上 77 件影响力较大的社会热点事件的分析中，由网络爆料从而进入公众关注视野的有 23 件，约占全部事件的 30%，即有约三成的媒介公众舆论是从互联网空间而源起的，④一半以上是地方新闻。这种新型的新闻舆论始于草根，传播扩散于无地域界线的互联网上，使地方性事件得以绕过当地政府和媒体，而迅速地在大范围扩散，对民情上传，利

---

① 祝华新，单学刚，胡江春：《2009 年中国互联网舆情分析报告》，《社会蓝皮书》，2010 年。http://yq.people.com.cn/htmlArt/Art392.htm.

其中引用的中国青年报社调中心 2009 年初委托腾讯网所作调查显示，网民选择的举报方式依次为：网络曝光（35.8%）、传统媒体曝光（31.3%）、向纪委举报（17.2%）、向检察院举报（11.4%）、向上级政府机关举报（3.3%）、向公安部门举报（0.5%）。

② 祝华新，单学刚，胡江春：《2008 年中国互联网舆情分析报告》，2009 年 1 月 13 日。http://www.china.com.cn/aboutchina/zhuanti/09zgshxs/content_17100922.htm.

③ 同上。

④ 祝华新，单学刚，胡江春：《2009 年中国互联网舆情分析报告》，《社会蓝皮书》，2010 年。http://yq.people.com.cn/htmlArt/Art392.htm.

用体制外、辖区外舆论监督制约地方政务有正面的推动作用。"躲猫猫"案、邓玉娇案等上述的各类案例，都涉及地方部门在公民权利保护、公共权力使用、公共秩序维护方面的执政偏差，中国网民的网上舆情的声援，一次次迫使政府处理具有官方背景的恶性事件，处置涉案官员，在一定程度上监督和遏制了地方官场中的"官官相护"弊端，虚拟的网络空间已成为现实政治中的监督平台。

互联网空间第三个意义：随着更多的以互联网为兼容平台的交流和视频媒介的出现，互联网舆论影响力急剧增强。论坛、博客、播客、QQ、手机上网、社交网站等，各种新媒体交流平台推陈出新，以视觉、听觉、交互性、网络性、虚拟性等特色，吸引了越来越多的网民，在拓展舆论和议政空间的同时，加强了网络舆论的扩散效果和震撼力度。在许多网络热点事件中，图片、视频、网络人肉搜索都起到了至关重要的作用。最知名的例子有陕西"周正龙虎照"案、南京周久耕的"天价香烟"以及香港陈冠希"艳照门"等。

一些热点议题往往会有百万点击率和数十万的评论。在对中国五大论坛——强国论坛、天涯社区、凯迪社区、新浪论坛、中华网 2009 年热点议题的统计中，超过 1 万发帖量的热点事件有：湖北巴东县邓玉娇案、重庆打黑风暴、云南晋宁县"躲猫猫"事件、上海交通管理部门"钓鱼执法"、网瘾标准与治疗。[1]

受关注的热点事件也会在短时期激发大量的评论和回复。例如在杭州闹市飙车撞人案中，一个在杭州著名论坛的发帖《富家子弟把马路当 F1 赛道，无辜路人被撞起 5 米高》，回帖达到 14 万条，[2]而那些当年的网络流行语也会有上千万次、上百万次的使用量。[3]

互联网空间第四个意义：互联网作为民间舆论平台与传统主流媒体相互借力，进一步放大了舆论效果。

在互联网舆论影响与日俱增的背景下，传统主流媒体、体制内媒体更加重视与网络相互借力。网络作为一个亚媒体，聚集着巨大多元的民间声音，同时鱼龙混杂，新闻与谣言交集，民间智慧与社会糟粕并存。

一方面，网络的民意需要借助主流媒体才能打入主流，引起社会更大的关注；另一方面，主流媒体也需要利用网络来搜集信息，采集民意，放大舆论，回应社会关注，扩大自己的知名度与公信力。网络舆情热点事件大多最终都进入了主流媒

① 祝华新，单学刚，胡江春：《2009 年中国互联网舆情分析报告》，《社会蓝皮书》，2010年。http://yq.people.com.cn/htmlArt/Art392.htm.

② 同上。

③ 同上。

体的视野，而这些事件之所以成为网络热点，很大成分上也是因为主流媒体的介入，放大了源于网络的舆论影响，形成了更大范围的网络舆论与主流媒体间的推波助澜而形成的。热点社会事件最后解决，也仍旧得益于主流媒体涉入并做出深度问责。这种民间舆论平台与传统主流媒体平行交汇且相互作用的模式对原有的单一主流官方媒介体系既是一种补充与推进，也是一种监督与竞争，促使传统主流媒体更加关注民情、回应民声。

第五点意义：网络公共空间发展催生了"互联网新政"。以网络为媒介的政府—公众互动模式已经俨然登场，①并成为中国政治文明的重要元素。这一新政被认为是民主政治的一种形式，是推进社会主义民主政治发展的一种新方式、新途径。② 近几年来，国家领导人对网络舆情高度重视，2008 年 6 月，胡锦涛主席首次通过人民网"强国论坛"同网友们在线交流。2009 年、2010 年春节，温家宝总理两次在线与网民聊天，以这种新型的面向民众的交流方式示范了"互联网新政"，带动了越来越多的各级官员"触网"，借助网络、手机等新媒体征询民意、与民沟通。2009 年，云南省政府设立网络发言人；同年，广东省政府设立网络问政平台③；省级要员上网问计，与网民对话，关注网上留言。

有评论认为，这种网络问政形式，有利政府官员得到更加大量、及时、真实的民意信息，也可让政府更公开直接地面对网民和有效发布信息，从而扩展公众的知情权、参与权、表达权、监督权的范围，以直接的对话消除官民隔膜。"网民们上传民意，下载一个更阳光的政府，这正是互联网政治的期待。"④

上述对中国互联网正面意义的阐述，基本是构建于哈伯马斯的公众领域理论体系，即民主社会的理想运作是要保证在国家权力和资本权力之外，有一个公民可以公开、平等、理性地形成民意的"公共领域"。

在哈伯马斯身处的资本主义社会中，公共领域早已衰敝，公民平等参与公共辩论的渠道与媒介业已有限，但哈伯马斯仍寄希望建立一个公共舆论形成与表达的三个层面的多元系统：其一是公民社会中日常面对面的政治讨论；其二是在弱公共空间和媒介系统中的公共话语；三是政治中心系统的机制化的话语。哈伯马斯始终相

① 陈城：《互联网新政治》，《大地》，2009 年第 24 期，http://paper. people. com. cn/dd/html/2009 - 12/16/content_427961. htmJHJ.

② 沈宝祥：《领导干部要适应"互联网政治"的发展》，《学习时报》，2007 年第 388 期。

③ 广东省网络问政平台，http://wen. oeeee. com/.

④ 同①。

信,西方社会民主机制重建的基础在于重建公共舆论形成的"公共领域"①。

中国社会主义初级阶段与哈伯马斯身处的资本主义社会不同,但在国家权力和资本权力之外,有一个民众可以公开、平等、理性地形成民意的"公共空间",对有中国特色的社会主义民主制度的建立同样具有重要的意义。因此,许多学者都将中国互联网政治研究架设在公众空间与公众参与的框架上。互联网被称为"有中国特色的公众领域"②。本书对互联网公共空间与推手运作的讨论也是基于"公共领域"的理论框架。

从理论上讲,要保证中国互联网继续发挥公共空间的正面作用,互联网公共空间要保持它的以下几个特征:

- 公共性:网络公共空间对尽可能多的大众开放。公共性还表现在大众能够以最小的成本进入这个空间和建立这样的空间。
- 交互性:互联网空间是由无数小型讨论圈构成的,如论坛、QQ 群等。这种小型交流圈人数有限,可以保证有限参与者在小范围内互相交流讨论。
- 网络性:无数小型讨论圈之间有着数不清的即时的联系,形成了一个空前规模的公共空间的全国甚至跨国网络。
- 草根性:参与者通常以匿名形式和业余身份参加政治讨论,而不是以某方面专家的身份出现。这是一个外行人也能发表政治评论的地方。
- 非功利性:成员都是为了兴趣参与互动,并非为了获得报酬。
- 多元性:多元性表现在两个方面:其一是资讯多元性,网络公共空间是一个与官方媒体平行的民间的信息搜集和传播渠道;其二是观点形成的多元性,它是普通参与者在交流中寻求观点、形成观点和辩论观点的场所,网络公共空间是培养边缘身份和解释边缘身份的沃土。
- 行动性:政治讨论很少只停留在口头,而不进行试图影响社会和文化变革。非正式讨论组往往是组织政治行动的第一步。

---

① 哈伯马斯·J(Habermas. J):《媒体社会中的政治传播——民主是否依旧被认知?实证研究 理论 的影响》(Political Communication in Media Society:Does Democracy Still Enjoy an Epistemic Dimension? The Impact of Normative Theory on Empirical Eesearch),《传播理论》(Communication Theory),2006 年 16 期,第 411~426 页。

② 闵大洪:《中国互联网上的民意表达》,中国网络传播学年会,2004 年 8 月。

第二章　网络推手运作对互联网
公共空间的侵蚀

网络公共空间虽然能够在一定程度上抵御主流政治权力的介入，并影响线下政治。但是商业力量在以另外一种力量渗透并引发网络公共空间的质变。随着互联网在民众中的日益普及以及在社会生活中影响逐渐增强，在中国互联网媒介生态中出现了一种新的网络营销、网络公关现象——网络推手。这一形态的基本程式包括：通过企业运作模式，组成受雇发帖人网络，并通过一系列有组织有策划的隐性网上操作，来制造话题、操纵流量、推动某种议题信息的扩散，从而影响互联网上的信息舆论动态。这种有组织、有目的、有经营方式的推手运作，可以在一定程度上影响网络上公共讨论的议题设置，引导网民对某些新闻的兴趣，并可以通过网络媒体同传统媒体的交叉效应来影响中国互联网甚至大众传媒上的公众舆论。

第一节　网络推手运作与病毒式营销

网络推手运作在业界的公开名称是网络营销、网络公关。这种运作从本质上讲是病毒式营销的互联网模式。

一、病毒式营销

病毒式营销即英文中的 viral marketing[①]，其营销的传播途径是通过早已存在的社会关系网络，以某种方式刺激并带动消费者兴趣，促使消费者在自己的社

---

① 该概念由 Tim Draper 和 Jeffery Rayport 提出，后者于 1996 年在文章"The Virus of Marketing"中，将病毒营销的概念推广。有关病毒营销的详细介绍请见本书《外二篇：病毒营销》。

会关系网中传播产品信息。病毒式营销依赖人际交流网络，而非依托辐射范围广大的大众媒介传播平台，信息传播呈病毒式扩散模式（Viral Spread）。病毒营销的基本轮廓可包括：（1）触发起点：病原体——即用来触发传播的创意病毒；（2）第一代传播（传染）过程；（3）第二代传播：第一代被感染者的再传播；（4）呈现几何级数的更大规模的传播；（5）通过主流大众传播媒体放大器的作用在全社会扩散。这种营销可以是两种形式：

A. 光明正大的营销，与消费者的交流建构在其明确的卖方身份上；

B. 隐蔽的营销，卖方假扮成消费者身份，深入消费者群体中做口碑传播。

二、隐蔽式营销

病毒式营销的后一种，即为隐蔽式营销（Undercover Marketing）。卖方在不透露自己身份的前提下，把营销信息植入易于传播的信息中，从而引起消费者的兴趣，并促使其自发地去传播信息。隐蔽式营销因为不通过传统媒体的途径，借助了消费者的自发传播的积极性，因此在同等传播效果下，成本低很多。

但是，这种隐蔽式营销因为隐藏卖方身份，一旦这种隐蔽身份被消费者发现，会被认为涉嫌欺骗，往往会招致消费者的不满，会有反效果出现，对品牌构建起到负面影响。

三、口碑营销

无论是病毒式营销还是隐蔽式营销，都是要使消费者能够对某种品牌有积极地认知，并且"自发"地去为品牌在自己的社会网络中做宣传，这一过程即为"口碑营销"。利用每一个消费者的"自发"宣传服务于一个品牌的营销。①

四、目标受众

病毒式营销、隐蔽式营销、口碑营销等要能够在最短的时间内影响到最多的目标受众，则要使用精准营销手段。即传播的平台是辐射范围广的人际网络平台，而病毒传播者本身最好是其各自小圈子内具有影响力的意见领袖，又称 Alpha Users。

中国互联网上的商业推手运作最早的例子可以追溯到 2005 年。经过几年的发展，这种营销手段同运作模式已经相当成熟，并业已形成了初步的产业链。本书将

---

① 有关口碑营销的更详细介绍请参阅本书《外一篇：口碑营销》。

在其后章节详细介绍这方面的情况。本章主要讨论的是这种资本推动、商业利益驱使的网络推手运作对迄今为止有着正面意义的互联网公共空间所构成的挑战。

第二节　网络推手运作的特性

根据我们对中国互联网推手运作的研究，我们总结出网络推手运作以下几个突出特性：

一、资本性

网络推手运作是由资本主导的，有功利目的的上帖宣传。这是一种新的资本对网络公共空间介入的形式。中国互联网上一直有所谓的"五毛党"和"美分党"之争，前者被认为受雇于中国政府在网上发言为官方说话，后者是拿外国机构的钱在网上攻击中国政府，双方互相指责对方受雇发帖。如果存在，这两"党"可说是政治力量干预互联网的直接表现形式。

如出一辙，当商业资本介入网络公共空间，会呈现由资本主导的网络营销模式，即通过雇用人工在网上发帖、顶帖、转帖等信息投放传播方式来构建口碑，从而获取商业利益，此类业务从事者被称为"网络推手"，他们既传播经过伪装的商业广告，也散布负面信息抹黑竞争对手，前者是"推手"，后者由于"推"的是负面信息，又被称作"打手"。本书统称"网络推手"。

但不同于"五毛党"与"美分党"在政治较量上的势不两立，在资本的控制下，同一家网络推手，会同时既做"打手"，又做"推手"。

二、隐蔽性

网络推手与网络上的公开广告不同，它是以隐蔽的形式投放广告或公关信息的。网络推手公司的运作是隐蔽的，通常是通过匿名的电子邮箱和 QQ 群等即时通讯工具来组织受雇发帖人网络，发布指示分派任务；他们以普通网民的身份出现，一人可有多个网名（即马甲），出没在多个网络论坛上。所发布信息具有难以察觉的广告性质，例如伪装成普通网民的"亲身经历"的故事，以不同的方式将广告品牌植入这些"网民的故事"中。

三、组织性

网络推手运作是一种有策划、有组织、有目标、有营运模式的企业经营活动，制造与传播带有商业目的的网络信息。

网络推手不只是一个人,而是组织严密的群体。最上游是推手公司(负责策划和制作内容),下游是类似网络的发帖人网络,最下面还有大量临时雇用的"水军",即受雇发帖人。"水军"们的发帖工作是计件收入,按上帖数取酬,发帖人的网络越庞大,发帖量越大,效益也越高。

上下线的组织交流工具,一般是以 QQ 群为代表的即时通讯工具,"推手"和发帖员在这些平台上交代任务、业务审核和薪酬结算等。本质上,这是一种网络社会的信息传销运作。有某个知名互动营销公司总裁自称他们有 1000 人的团队,可以监控 10 万个论坛。

四、快速扩散性

网络传播的特点是低成本、简易、便捷、快速扩散。同时网络传播又具有权力集中倾向(Power Law Distribution),尽管互联网上有无数网站论坛,但流量和人气大量地集中在极少数知名几个网站和论坛上,绝大多数的网站论坛的流量和人气非常有限。因此网络推手公司只需定位在若干的相关论坛,在一个特定时间段,雇用大量发帖人大量投放某种特定信息,就有可能在短时间内造成该信息大规模传播扩散的效果。网络营销最重视的就是即时互动性极强的论坛和 QQ 群。前述那位营销公司总裁就说过,在国内 20 多万个论坛中,有营销价值的不到 1 万。在这之中,有流量、有人气的也就 5000 个。在这之中,又被分为 25 个大类,226 个小类,这样就可以有的放矢地投放信息、监测舆论,进行"口碑营销"。

五、与大网站、主流媒体交叉呼应

网络推手运作除了发帖"水军"之外,更重要的是与一些目标网站的幕后交易,通过交易使投放的信息置于首页,上热点排名榜,从而获得更多的关注,激发普通网民的点击率、回复率和转帖率。更深一步是希冀引起传统主流媒体的关注,把"事件"从网上的"热点"推进到主流媒体,形成更大的媒体传播效应。如"贾君鹏事件",一句仅 12 字的无厘头帖子("贾君鹏你妈妈喊你回家吃饭")在不到两天的时间里,创下回复数 300621,点击数 7607617 的惊人纪录,[①]还引发了包括中央电视台在内的诸多主流媒体的关注报道,一些专家学者也纷纷现身讨论该帖子

---

① 《贾君鹏蹿红也靠幕后推手》,《扬子晚报》,2009 年 8 月 4 日,http://news.ccidnet.com/art/1032/20090804/1846887_1.html.

的"烧红"网络的深层原因。借助于主流传统媒体，网络推手将他们的运作活动以网络民意或网络事件等新闻形式进入主流媒体，造成更大的社会影响。

第三节　网络推手运作对互联网公共空间的危害

一、资本主导的网上舆论操控侵蚀了普通网民相互交流讨论的空间

很显然，从 2005 年网络推手开始现身中国互联网以来，中国网民热情参与的互联网公共空间开始逐渐被由资本介入的网上舆论操纵所侵蚀。随着近两年来网络推手运作的成熟与产业链的形成，可以说网络推手公司已成气候，据 2010 年初一则报道，北京地区已有网络推手（公关）公司 100 多家，他们"几乎掌控了网上的舆论风向"[①]。该报道说：

> 在网络打手这条新兴的食物链上，"民意"已被众多打手挟持，成了被分食的食物……今天，中国的 3.38 亿网民中已经很少有人能逃脱网络舆论的操纵。你每点一次鼠标，都很可能被欺骗——那些你关注的"热点"很多都是精心炮制的……曾经最民主、最开放的网络舆论空间，如今已被"网络黑社会"侵蚀了大半。国内知名论坛几乎都在网络舆论操纵者掌控之中，论坛总访问人数中，70％以上都是"推手"或"打手"，每天各大论坛中的帖子至少一半以上都被人操纵。他们的客户至少有几万家，其中甚至不乏世界五百强企业。[②]

虽然我们的这个研究无法证实关于中国主要论坛上帖量中"70％以上都是'推手'或'打手'"的说法，但可以肯定的是，网络推手运作在技术、组织、策略、运作上已经相当成熟，网络"民意"的操控很大程度上只是取决于背后支撑运作的资金投放量。在第一章讨论互联网公共空间意义时，我们总结了中国互联网的几大特征：公共性、交互性、网络性、草根性、非功利性、多元性、行动性等。网络推手运作改变了这种网络公共交流的环境。大量的推手活动，削弱了网络交流的草根性和非功利性，挤压了普通网民的交流空间。造成大量炒作信息、虚假信息在互联

---

① 《我们的网络舆论被谁操纵？》，《IT 时代周刊》，2010 年 1 月 17 日，http://97.74.248.204/a/Advance-Online-Marketing-Skill/Praise/2010/0117/2121.html.

② 同上。

网上流行,玩弄了网民的感情,影响了他们的参与热情,干扰了他们严肃认真的讨论,最终将严重损害互联网公共空间的正面意义。

二、网络推手运作违背了现代社会公共信息传播的几大原则

在以大众传播为主导的现代社会中,社会公众信息传播要遵循几大原则:

- 透明性:信息制造者/发布者,无论是机构还是个人,其主体要明确,身份要公开;
- 客观性:信息制造者/发布者要保证提供信息的相对客观性;
- 真实性:信息制造者/发布者要保证提供信息的相对真实性;
- 公共性:信息要符合或代表公共利益。

正是基于这样的原则,现代公共社会中对大众媒体上传播的信息有明确的分类。符合上述四大原则的信息是新闻;而另外不符合这些原则的信息有一种被定义为广告。在大众媒体上,新闻与广告的展示与传播有明确的区分界限。如《广告法》第十三条规定:"广告应当具有可识别性,能够使消费者辨明其为广告。大众传媒不得以新闻报道形式发布广告。通过大众传播媒介发布的广告应当有广告标记,与其他非广告信息相区别,不得使消费者产生误解。"[①]这样的原则和信息分类就是为了保证在大众媒体上传播的信息的真实性、可靠性,保证公众可以明确有效地识别出什么是新闻、什么是广告,从而维护公众利益。在现代社会中同时有明确的法律条文来维护同监管这两类不同信息的传播。

而网络推手运作出来的信息是违反上述几大原则的。推手的信息是:

- 非透明的:信息制造者是匿名的、隐蔽的,信息发布者掩盖其受雇充当"推手"或"打手"的真实身份,伪装成普通网民,甚至伪装成数十个甚至上百个网民;
- 非客观的:信息制造者/发布者不是为了客观报道某一事件,而是有主观牟利意图制造某种特定信息;
- 非真实的:是信息制造者编造出来的,是虚假的信息;
- 非公共性的:是由利益因素主导的信息传播。

三、网络推手人为制造虚假的舆情干扰政府与企业决策

互联网已经成为中国主流公共媒体,中国政府对网络舆情也愈加重视,媒体

---

① 魏永征:《新闻传播法教程》,中国人民大学出版社,2002年,第318页。

和民众对网络"民意"也愈加看重。网络推手的运作，是利用商业经营手段制造"热点"议题，然后推动或操控"民意"，在互联网上掀起一波又一波的"热点"事件，虚假的推手"民意"与真实的网民"舆论"交织在一起，真假难辨，虚实不清，特别是当大网站和传统主流媒体也介入以后，网络"舆情"就更显得扑朔迷离，假做真时真亦假，一个原本有着正面意义的互联网公共空间却有可能沦为商业推手的舞台，虚假"舆情"的竞技场，利益集团的分赃地盘。这样的互联网生态将会扭曲真实的"民意"，干扰国家"网络新政"中对网上民意的正确判断，利益集团甚至有可能利用人为制造的网上"民意"来要挟政府与人民。

与此同时，这样的互联网生态也同时干扰企业决策。在充斥着不知真假的"赞美"与"抹黑"的网络推手环境中，每一个商家都不得不为保护自己的品牌而防备网络舆论中的造谣中伤、浑水摸鱼。网络的"推手"与"打手"如影随形，肆意活跃在各论坛上，一会儿是"推手"，吹捧某产品；一会儿又是"打手"，诋毁另外的商家，消费者真实的声音其实已难寻觅，互联网上所谓"热点"、"民意"已经变质。

据《IT 时代周刊》报道，自 2008 年下半年以来，"华为"的多次舆论危机，包括员工自杀、海外案、李一男辞职事件、资金链断裂和大批裁员等，都是竞争对手雇用一家知名网络营销公司运作的。①

在下面几章，我们将详细揭示网络推手运作的源起、知名案例、运作模式、产业链的构成。在本书的最后两章将介绍如何发现判断推手活动以及我们关于如何监管网络推手运作的若干建议。

---

① 《贾君鹏蹿红也靠幕后推手》，《扬子晚报》，2009 年 8 月 4 日，http://news. ccidnet. com/art/1032/20090804/1846887_1. html.

第三章　网络推手的历史

第一节　早期的网络推手行为

网络推手的最初活动，可追溯至 2004 年左右。在网络推手的发展史中，早期推手主要是推人，通过一系列策划包装和运作，将某个人"推"成网络红人。推手的特点是：台前、兼职、受惠方主要是网站和网络推手。例如：推出过"芙蓉姐姐"、"二月丫头"的陈墨最早只是一名摄影师，而推出"天仙妹妹"、"非常真人"的老浪是一名旅居瑞士的商人。他在接受《新京报》采访时说："策划人和网站之间是一种互惠的关系，网站需要提高流量，策划人通过包装网络红人，可以大大增加网站的点击量。作为回报，网站将策划人的照片放在网站显著位置，提高策划人的知名度，这样我包装的明星照片就可以更多地发表在杂志上，我就能拿更多的稿费。"[①]陈墨在成为天涯论坛的版主后，为了提高改版的流量，2005 年连续策划"天涯之星"评选、12 楼图片故事、"流氓燕"、"芙蓉姐姐"等多起事件的连续策划，仅 60 天，天涯用户数就从 320 万递增到 600 万，在线人数从 6 万人升到 15 万人，促进之后不久 500 万美金的风险投资落户天涯。[②]

早期网络推手"推人"的规律，概括如下：

第一，人物形象必须极端，否则难以被人津津乐道。例如："芙蓉姐姐"的特点是"丑、恶俗、自恋"，"天仙妹妹"的特点是"清纯脱俗"，"二月丫头"、"流氓燕"的特点是"出格色情的网络言论"。

第二，以网络论坛为传播源头。网络推手选择推人都是在人气旺盛的论坛

---

① 贾鹏，马永春：《网络红人背后：策划人频频推手》，《新京报》，2007 年 12 月 4 日。
② 北京陈墨网络营销顾问有限公司的简介，http://www.cmgw.cn/anli.html.

里。比如"芙蓉姐姐"最早在水木清华 BBS① 里发迹，"天仙妹妹"最早是在 TOM 社区②的汽车论坛里，"二月丫头"、"流氓燕"、"非常真人"则是在天涯论坛③，而"剩余人生"则是在猫扑④。一方面，在"推"的过程中会有网站论坛的利益参与，例如早期的"芙蓉姐姐"、"二月丫头"、"流氓燕"等案例，开始时纯粹是为了提高网站的流量；另一方面，由于中国的网络论坛异常发达，人流汹涌，使得论坛成为极好的传播载体。

第三，依靠"图片和标题党"吸引眼球。互联网开创了一个读图读题的"快餐时代"，中国内地论坛中流行一句话，"有 pp 才有真相"，pp 即指照片。无论是"芙蓉姐姐"还是"天仙妹妹"，最早都是以"图片帖"出名。"标题党"是指帖子的标题很引人注目。推手们对于标题有重点研究，知道什么样的字眼能够吸引点击率，往往会打"色情"、"娱乐"、"愤青"的擦边球。到后来的发展成熟的企业网络营销技巧中，"图片帖"和"标题党帖"也是重要的手段。推手们通过有计划的发布，通过策划图片帖的内容和标题，来实现较长时间的网民关注度。

第四，网络明星成熟后，直接卖给演艺公司。网络明星在从互联网转向现实世界后，策划人成为明星的经纪人，从每次的签约合同中抽取包装费用。推手杨秀宇（网名立二拆四）在接受《新京报》采访时说，"抽取的比例大概是在 7：3，策划人拿其中的大头，至于包装后产生的收益都归演艺公司"⑤。随之网络红人也逐渐从网络上下线。

第二节　后期的网络推手行为

如果认为早期（2005 年、2006 年）的网络推手是单个的"英雄式人物"的话（比

---

① 水木清华 BBS(smth. edu. cn)建于 1995 年 8 月 8 日，是清华大学官方 BBS，在中国大学生中占有巨大的舆论导向。水木清华共有版面 500 余个，总注册人数达到 30 万，最高在线人数达 23674 人。资料来源：维基百科(en. wiki. org)。

② TOM 社区（域名 http://club. tom. com/），中国具有知名度的综合性社区之一，拥有庞大核心用户群体。

③ 天涯社区（域名 http://www. tianya. cn/）开设于 1999 年 3 月，在线用户常在 15～20 万左右，该社区出过大量的网络红人，也踢爆过辽宁钢包事件、山西黑煤窑事件、邓玉娇事件等。

④ 猫扑（域名 http://www. mop. com/），开设于 1997 年 10 月。该网站中发明了许多网络词汇，是中国大陆地区网络词汇的发源地之一，为大陆地区影响力较大的论坛之一。

⑤ 贾鹏，马永春：《网络红人背后：策划人频频推手》，《新京报》，2007 年 12 月 4 日。

如知名推手陈墨、老浪、"立二"），那么到现在（2007年至今），网络推手已经职业化、规模化了。参与到网络推手行业中来的，除了土生土长的网络推手建立的网络营销策划公司，[①]还有国际化的跨国公关公司设立的网络营销部门，以及下游的规模甚大的发帖员顶帖员队伍。网络推手们已经很少从事"推人"的活动，转而以其网络"炒作功力"，帮助企业宣传商业产品或商业活动，或者进行企业危机公关。庞大的产业链已经基本形成，并且竞争激烈。某网络营销公司的业务经理告知，光北京的网络营销公司就1000多家，而且现在所有的传统公关和广告都设立了网络部门。[②]

分析网络推手的企业式转变，有如下原因：

一是网络营销的需求增加。2006年到2009年，中国网民的数量变化如下[③]：

2006年底	2007年底	2008年底	2009年6月
1.23亿	2.1亿	2.98亿	3.38亿

互联网掌握了中国1/4人口的市场，是企业在营销过程中不可忽视的一部分，某国际传播集团网络营销部门的员工告之："2008年各大企业的网络营销需求开始大规模增加，之前也有，但就是在2008年，网络营销的模式才开始成熟起来。尤其是消费品领域的产品宣传和活动宣传，采用网络营销的较多。"[④]各大公关公司亦感觉到这一点，纷纷成立网络营销部门。

二是"推人"比"推物"的成本高、风险大。"推人"行为具有一定的风险，例如需要推手事先垫付宣传成本，而且最后如果不能够成为明星，则不可能成功"下线"，实现收益。推手杨秀宇（网名立二拆四）在接受《新京报》采访时说："网民对一个话题的关注周期不会超过100天。"[⑤]如果不能够保持足够的关注度，则无法进行下去。而且，"在这100天的包装周期里，网络策划人都要自己出钱来支付全部开支"。大部分推人的结果都是归于沉寂，例如"最美清洁工"、"最美山村女教师"等等。而在"推物"过程中，则可以拿到企业每月的费用，例如，目前"剩余人

① 2006年，老浪和立二拆四成立尔玛（中国）互动营销公司。2007年，陈墨的"陈墨网络营销公司"成立。

② 根据本研究深入业界的访谈整理。

③ 《第26次中国互联网络发展状况统计报告》，CNNIC，2010年7月15日，http://www.cnnic.net.cn/uploadfiles/pdf/2010/7/15/100708.pdf.

④ 根据本研究深入业界访谈整理。

⑤ 贾鹏，马永春：《网络红人背后：策划人频频推手》，《新京报》，2007年12月4日。

生"仍然在接受淘宝网每月的续费。其背后的网络推手公司告之，一旦续费停止，整个项目也将停止。①

实际上，网络推手商业化之后，少数"推人行为"也是为了"推物"而做准备，推出的一个网络红人可以为多个商家实现网络营销。例如，剩余人生的陈潇，在打造了数个月之后，逐渐在其博客和帖子中植入各种企业产品广告。

推人过程中推产品

剩余人生为淘宝网做推广

三是"推人"的过程中积攒了足够的网络营销技巧。可以沿用到更加有经济效益的"推物"运作中。

---

① 根据本研究深入业界的访谈整理。

第四章 网络推手知名案例

网络推手兴起于 2005 年，包括推人和推物。最早为人所知的是"芙蓉姐姐"、"天仙妹妹"、"二月丫头"等"推人"案例。2008 年，随着"封杀王老吉"这一推手案例的高调曝光，网络推手的商业性增强，"网络推手"的行为方式开始进入传统的公关业务，包括奥美、伟达等国际大型公关公司都相继设立"网络营销"部门，借用推手手段进行公关。与此同时，散兵游勇式的本土网络推手亦"规范化"步入公司轨道，早期的本土网络推手们，例如陈墨、杨秀宇等纷纷成立"网络营销公司"，专事企业网络公关。此时，纯粹的"推人"行为逐渐减少，少数的"推人"行为也是为"企业网络营销"而做的铺垫。

下面介绍"网络推手"发展史上的重要案例。

第一节 推人案例

网民基数之大，网络言论之自由、方便、快捷，使得互联网成为一个低成本的造星平台。因此，网络推手最早以"推人"为主。"芙蓉姐姐"、"天仙妹妹"、"二月丫头"、"流氓燕"等网络红人背后都有推手的身影。

一、天仙妹妹

【推手操作时间】 2005 年 8 月 13 日至 2008 年初。

【推手】 最初推手是老浪，原名杨军。天仙妹妹在论坛一举成名后，老浪成为其合法经纪人，之后隶属于尔玛（中国）互动营销公司。2008 年初，尔玛以数十万的价格将其卖给娱乐公司。

【原帖发帖地点】 TOM 汽车论坛，《单车川藏

天仙妹妹

自驾游之：惊见天仙 MM》。

【跟进的传统媒体】 凤凰卫视、加拿大《环球邮报》、央视、东方卫视等。

【案例简介】 天仙妹妹，原名尔玛依娜，四川羌族人，能歌善舞，形象清纯。2005 年，被老浪发现后，在 TOM 汽车论坛上发了一组"天仙妹妹"的图片帖，之后接二连三地在网上发布天仙妹妹的新的图片和动向，其少数民族身份、清纯脱俗的形象广受欢迎，与当时走红的另一网络红人芙蓉姐姐的恶俗形象形成鲜明对比，引起巨大反响，迅速有一批被称为"纳米"的粉丝。从草民中崛起后，天仙妹妹开始接拍大量广告，接受许多媒体访谈，包括央视、上海卫视、四川卫视、重庆卫视、成都电视台、南京电视台、台湾东森电视等多家电视台。老浪成为其经纪人，天仙妹妹所带来的收益，按不同年限和不同客户，与老浪的尔玛公司分成。2005 年理县政府聘请她为该县旅游形象代言人，之后，她又代言了中国电信阿坝州分公司、索尼爱立信"简·悦"系列手机、"通贵"竹地板等公司产品。2005 年末发单曲，2006 年开始接拍电影《香巴拉信使》、《尔玛的婚礼》。

2008 年初，尔玛互动以数十万的价格将天仙妹妹卖给娱乐公司，这一推手产品逐渐"下线"。

二、剩余人生

【时间】 2008 年底至今。

【推手】 某网络营销公司和大量专业发帖团体。

【被推方】

直接被推方：陈潇，湖南怀化人，25 岁。该网络营销公司的员工。

间接被推方：淘宝网、海尔、三精双黄连、"悦尚生活"活动、凡客、爱玛电动车、高新整容医院。

【原帖出现地点】 猫扑论坛，发帖名称《我把自己的下半生交给网络》。

【案例简介】

2008 年底，淘宝网要求该公司为其做宣传。该公司因此做了"剩余人生"的策划。安排其员工陈潇于 2008 年 12 月 5 日，以"我撕故我在"的 ID 在猫扑上发帖："活着真没意思……我想换一种生活方式，你们来安排我的今后生活吧……"为了表示真诚，陈潇留下自己的 QQ、邮箱、手机号，甚至上传了身份证照片。10 天后，"陈潇的剩余人生淘宝店"正式开业，任意拍下她的时间。任务花样百出：让她替自己接人、送咖啡、过生日、买火车票、医院陪同输液等。每一次任务，顾客只需支付时间费用、交通费和买礼物的费用。

这一创意让其一举成名，传统媒体纷纷跟进，中央电视台、《中国青年报》、

CNN、湖南卫视、贵州卫视等国内外多家媒体对其进行报道。

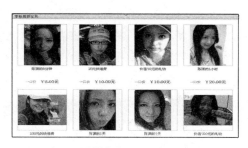

淘宝网"剩余人生"的产品页面

"剩余人生"的淘宝店页面

CNN对"剩余人生"做的报道

该公司采取全方位的宣传方式,包括论坛营销和博客营销,为陈潇在新浪上的博客每天更新,并且在多个论坛转帖。在高关注度下,开始利用"剩余人生"的博客进行组合营销,在其博客中以植入式广告为多家企业做推广。包括海尔、三精双黄连、"悦尚生活"活动、凡客、爱玛电动车、高新整容医院等。

三、非常真人

【时间】 2006年5月16日—2007年3月(逐渐销声匿迹)。

【推手】 某互动营销公司,主要制作人:老浪、阿峰。

【被推方】

直接被推方:非常真人的6个成员。

间接被推方:立顿红茶、中国移动、联想集团等。

【原发帖地点】 天涯"贴图专区""图片故事"《非常真人,非常娱乐》。

【简介】

2005年,老浪与5个北漂的演员歌手开始拍摄制作"非常真人"漫画,开创网络真人漫画先河,以其别树一帜的画面手法针砭时弊,重现底层百姓生活。在天涯开播仅 100 天，就创下了 700 万的点击率和 5 万的回复。截至 2009 年 8 月份，仅天涯上的该帖访问量就达到 1,189.8 万次，回帖量达到 72,584 帖。同时完成了一部电影《非常真情》的拍摄，举办了一场小型演唱会，受到了包括央视、凤凰卫视、北京卫视、四川卫视、东方卫视和多家平面媒体的采访，包括 TVBS。2006 年，"非常真人"新浪博客获得"德国之声 2006 国际博客大奖赛"公众奖第一名。

非常真人走红后，推手方开始在其漫画中植入广告，先后给中国移动、立顿、联想做过推广。在一幅漫画里做广告，价格必须在 1 万元以上。老浪与非常真人的 5 位成员各签约 4 年，采取分红的形式获取收益。

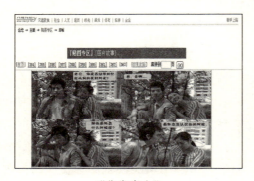

"非常真人"

"非常真人"植入广告

第二节　推物案例

一、封杀王老吉

【时间】　2008 年 5 月。

【推手】　网络推手立二拆四①及其互动营销公司②和大量专业发帖团体。

2007 年，立二拆四及其团队开始接手加多宝集团的网络营销订单。2008 年 5 月，效仿"吃垮必胜客"推出"封杀王老吉"事件。

立二拆四

---

①　"立二拆四"原名杨秀宇，1997 年毕业于东北大学，是中国较早的网络推手，推出过"别针换别墅"、"范跑跑"等网络事件和网络红人。

②　尔玛（中国）互动营销，http://www.dingji.com/index.html。

【被推方】 加多宝集团旗下产品王老吉。

【原帖发帖地点】 天涯（互助版），天涯社区为中国第一大 SNS，
http://cache.tianya.cn/publicforum/content/help/1/152802.shtml。

【简介】 汶川地震发生后，加多宝集团宣布捐款一个亿。为配合此事宣传旗下产品王老吉，推手在 5 月 19 日发帖"封杀王老吉"，这个引人注目的标题引起了被加多宝义举所感动的公众的愤怒，但打开帖子再看，发帖者所指的"封杀"其实是要表达"买光超市的王老吉"。同时雇用顶帖员和跟帖员跟帖，类似"今年夏天不喝水，喝水只喝王老吉"的跟帖出现在大量网站的论坛上。推手刺激了公众，造势成功，3 个小时内百度贴吧关于王老吉的发帖超过 14 万个。天涯虚拟社区、奇虎、百度贴吧等论坛都有相关发帖。数日后，网上出现了王老吉在一些地方卖断货的传言。网络上数量惊人的讨论、转载和点击量，使这一事件引起大量传统媒体的关注和跟进报道。先后被三百多家传统媒体报道，在现实社会中形成了巨大的口碑传播。

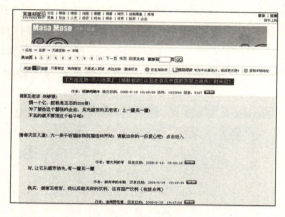

封杀王老吉

二、喜临门床垫

【时间】 2008 年 5 月。

【推手】 陈墨及其网络营销顾问有限公司。

【被推方】 喜临门床垫。

【发帖地点】 猫扑，中国 SNS 大户，人肉搜索发源地。

【简介】 喜临门是浙江的床垫企业，厂家花重金邀请巩俐为喜临门拍摄广告片，并邀请陈墨为其做网络推广。陈墨利用片场花絮的照片作为炒作原料，以"陈墨 BJ"的网名推出贴图帖子《别黄金甲，迎喜临门，巩俐床戏内幕全曝光》，分 10 天将 97 张图贴出，这 10 天中，这些帖子迅速被网民和无数大小网站转载，国内绝大

部分门户以及论坛的首页都作了推荐，陈墨还组织发帖员和顶帖员广泛发帖，帖子中包含大量的软性宣传信息。此事件被迅速炒成热点，央视尚未播出喜临门的广告，喜临门已经在网络上将此广告几乎无成本地做了一通。

喜临门床垫原帖

三、三精双黄连

【时间】 2009 年 5 月至今

【推手】 某网络营销公司。

【被推方】 三精双黄连药业。

【简介】 2009 年 5 月，三精双黄连药业找到该公司，要求为其做宣传，帮助提高股价。该公司采用了多种宣传手段，在最初的 3 个月里发表主题帖 60 个（点击量达到 210 万次），制作视频 9 个（点击量达到 286 万次），此外还有挂件广告、博客软文、百度精准问答、QQ 群传播等手段。主题帖大量采用标题党和图片帖的形式，在大旗网、环球网、TOM 社区、搜狐网、腾讯网、四川在线、凯迪社区等都被推上首页。①

三精双黄连的推广

三精双黄连的推广帖子和视频

---

① 该公司的《推广总结 ppt》，由该公司内部人士提供。

第五章　网络推手的运作模式

网络推手在从事商业推广时，为企业所做的推广包括三个方面：一是为产品或者活动做宣传，二是危机公关，三是竞争。无论哪种，实际上都是"口碑传播"，即通过在网络上构筑、维护、监督与企业相关的口碑，提高企业的品牌影响力，并且对线下企业的业绩产生积极影响。

本文将从五个方面对推手的运作模式进行阐述：投放、如何投放、投放内容、维护和监测以及与目标网站、版主的幕后利益交易。

第一节　投　放

一、投放平台

网络推手的任务是要让委托方的品牌在短时间内，在目标网民群体中被认知，且认知效果积极，能够被网民自发地传播。因此，精准地选择投放的平台很重要。目前，网络推手所运用的平台有如下类型：

某网络营销公司的营销平台整合

（一）新闻资讯类网站

各大门户网站的新闻页面、垂直网站的资讯页面都是摆放各种新闻软稿的地方。

通常我们所说的新闻资讯类网站即门户网站（Portal Sites），这类网站的流量大，当一个产品只需要泛泛地被宣传时，这些网站的首页都是摆放软稿的地方。但是，当某产品针对特定用户时，去相关的专业网站投放软文会更有效果。例如，运动产品则会投向运动题材、运动物品买卖的网站，医药产品则投向医药界的网站。

某药的软文被投放在"37℃医院网"

软文因为要摆放在网站首页，需要支付网站一些公关费用，所以比起其他方式来，成本要高很多。而且，作为新闻虽然置于网站首页首屏，但是内容更严肃，信息隐藏得更隐蔽，更不容易引人点击，因此到达率也不高。因而推手们较少使用软文。

例如在5月份的S药的推广过程中，推手公司只做了3篇软稿，共39个地址，有网站首页或频道首页入口地址共23个。一篇修改了卫生部颁发的《甲型H1N1流感诊疗方案》，把里面的字句进行了修改，最后加了一句，说卫生部"推荐S药"，此文在新浪、网易、搜狐、腾讯四个门户网站的流感专题中发布，另在4个其他网站补发《甲型H1N1流感诊疗方案》内容，共8个地址。

当然，偶尔论坛中的主题帖若创意足够新颖，能够引起轰动，被当成新闻事件，那么也能够摆到新闻首页去，甚至被传统媒体跟进。传统媒体成本高，推手从来不用。但是其影响面大，传播速度强，一旦线上制造的话题能够引起传统媒体跟进，推手是非常引以为豪的。

（二）BBS（Bulletin Board System）和论坛

截至2009年6月，中国网络社区服务日均覆盖人数达到4380.6万人，相比2008年同期增长63.8%。[①] 其中13.8%的网络社区用户日均花费在网络社区上的时间

---

① 艾瑞咨询公司：《2009年中国网络社区研究报告》，2009年。

超过了 8 小时,因此社区和论坛是口碑传播的重要战场。推手会选择在相关产品论坛上,模拟用户身份,发布大量企业的品牌及体验信息。在企业论坛上,则发布产品相关新闻,主动与网友沟通,吸引网络买家的关注,并诱导最终实现网上购买。当然,模拟用户体验的帖子,也是推手的策划团队,在依据上文的各种营销原理,事先就写好的。例如,在做 S 药的推广时,仅 5 月份,该公司做了 33 个话题帖,投放地址 2337 个,总计点击 3771231 次,总计回复 8665 条,累计转帖 12641 个。① 图中所见的 S 药的帖子均属于话题帖,又称主题帖。所谓话题帖,即楼主发的帖,非回帖。只有主题帖,才可以被网站加精、推荐和置顶,②并且推荐到首页,才可以被网友分享和转载。回帖则不行。

为了使更多的帖子被加精、推荐和置顶,推手与网站论坛需要保持很好的关系,强大的媒体关系是必需的。某知名网络营销公司在其介绍中自称,他们与数十家重要网络媒体保持着良好的关系。

主题		点击量	回复量	原发量	转帖量
主题1	"五一"猪流感零散十五日游安排	28059	173	82	71
主题2	防治猪流感的几个药方	32674	200	73	25
主题3	老板教您识你真的流感了?	67597	579	74	17
主题4	镇守强人,5年前就在研究猪流感了	22805	291	54	10
主题5	羔羊和我的悲惨生活	23326	146	66	102
主题6	小沈阳妆被写报道	49783	332	72	1780
主题7	男名为H1N1的坏处	26342	105	78	74
主题8	快天说原来猪流感毒最怕蓝色	25168	110	67	18
主题9	论"怎样用两个素养的精盏来预防流感"	29591	206	82	116
主题10	猪流感你给我滚蛋	36864	230	87	97
主题11	预防猪流感之七种武器	10752	73	78	132
主题12	润墨阿胶问调流感,日常生活不可大意	8699	212	82	8
主题13	良好生活习惯让我们远离流感	16612	233	90	74
主题14	写在母亲节,流感天下亲亲	8691	132	85	19
主题15	倒追双子男,一个星期锁定的绝招	24927	163	75	470
合计		411990	3185	1145	3013

主题		点击量	回复量	原发量	转帖量
主题16	火祸夺得包母型的神奇方法	24406	185	91	41
主题17	看看一个90后MM是如何记录幸福的	95942	1053	21	846
主题18	小药调刘治猪流感购人通知	92168	442	64	2057
主题19	超有价值!!甲方型H1N1流感修疗方篇	8880	134	76	9
主题20	成都马六型当你狂发现妈妈药	41219	409	35	4370
主题21	本型x512,公司的的福利	45885	335	87	130
主题22	马六退是成都人性情的体现	13622	110	76	32
主题23	这就是最代应需能6系统	28565	201	86	69
主题24	宠物进院大揭秘	19927	251	66	7
主题25	绝对真实!偷拍公司的MM给...	167812	886	40	1508
主题26	成都是如何制造快乐的	29650	106	75	12
主题27	20岁的我惊恐如同了,乡下妈妈还要看我	62060	461	77	25
主题28	六一,给孩子选一个健康教育礼包	9526	102	67	36
主题29	魇咳约品送到你别好好好了	11525	70	81	18
主题30	技术贴:对甲型H1N1流感预防及治疗的分析	4446	16	71	6
合计		655633	4761	1013	9166

主题		点击量	回复量	原发量	转帖量
主题31	两个梨子闹的蓝色生死恋	112722	361	43	307
主题32	太龙药业步广告白云山隐尘踪的急停幕后隐藏着什么	7982	46	62	48
主题33	囧!今天草上的回事	54704	312	74	107
合计		175408	719	179	462

S 药在一个月内投放的帖子　　　　　某推手公司号称自己拥有强大的媒体关系

事实上,推手们几乎掌控了所有的论坛,并对其进行分类,以做到精准投放,实时监控和维护。

---

① 某网络营销公司:《S 药 5 月推广总结》,2009 年。由该公司内部人士提供。

② 加精、推荐,即网站的站长或论坛的版主,把一个有价值的帖子,加上"精"(精华)和"荐"(推荐)符号,置顶则是把帖子放在每一页的顶端,更容易引起网友关注。

1024 互动网络营销①首席执行官童紫静在接受《中国青年报》的采访时介绍道，他们把论坛归成 25 个大类、226 个小类。如果有客户确定网络公关，公司就有的放矢地监测舆论，还要进行"口碑营销"。"我们曾研究过 20 多万个论坛，监测了十几万个论坛，其中有营销价值的不超过一万。在这一万中，有流量、有人气的论坛也就 5000 个，我们研究了这 5000 个论坛。"②

（三）博客

也称博客营销，也是推手精准投放策略的一个重要工具。基于博客进行的推手活动主要有名博营销（与产品相关的业内名人博客）、自建博客（为某活动推广做的临时性活动博客）以及群建博客（博客圈）等几种形式，亦可结合使用。与产品相关的业内名人博客、美女博客都是博客营销的重要平台，也是推手的资源。例如，1024 互动营销公司就自称拥有近千名的博客合作资源。业内一篇博文价格在 800～1500 元。

博客平台有以下优势：1. 细分程度高，定向准确；2. 读者忠诚度高，信任程度高，口碑效应好；3. 名人言论影响力大，引导网络舆论潮流；4. 与搜索引擎营销无缝对接，整合效果好；5. 有利于长远利益和培育忠实用户。

一般来说，博客营销都是在博文里做植入式宣传（不过临时性的活动博客则是专门推广产品的，不算植入）。

在 S 药的推广中，在新浪博客、搜狐博客、网易博客的 5 位博主的博客中发布博文 9 篇次，覆盖健康养生、户外旅游、生活常识、情感生活四大板块，累计推荐 8 篇次。

网站	类别	博主	人气	文章标题	推荐位置	点击	回复
搜狐	健康	张虎军的博客	1186673	健康，夏天出游必备什么	搜狐博客健康首页	941	4
新浪	生活	小晨故事	9225850	夏日出游对付骄阳的必备武器	新浪博客首页	11823	34
新浪	生活	沙河小子	6693133	炎炎夏日出门旅行必带的 8 种东西	新浪草根博客首页	1408	9
新浪	旅游	李屏妮妮看世界	1305965	夏日出游对付骄阳的必备武器	新浪博客首页	1400	27
网易	健康	妙手仁心	1224023	夏日出游不留遗憾，不得不看的小贴士		11054	3
搜狐	健康	张虎军的博客	1188673	揭秘：夏季谨防"热伤风"！	搜狐博客健康首页	1719	6
新浪	情感	小晨故事	9225850	炎热夏天，感谢有她相伴	新浪博客首页、新浪博客情感频道首页	14327	35
39 健康	健康	张虎军的博客	308444	揭秘：夏季谨防"热伤风"！	39 健康网博客首页	3381	1
网易	健康	妙手仁心	1224023	常备三精双黄连，流感季节别感冒		11045	7

S 药 5 月份在网上投放的博客软文以及点击量

---

① 2005 年成立、专注于提供网络互动整合营销服务的网络公关公司（http://www.1024hd.com/）。自称其数据库收录了 155000 个国内主流的网络社区版块，同时对版块的营销价值进行动态分析和评测。

② 白雪，王超，尹平平：《网络公关已成摆布舆论工具》，《中国青年报》，2008 年 9 月 23 日。

（四）百科类网站

百科类网站也是精准推广的重要战场，例如"百度知道"、"搜狗问答"、"维基"等提问或者搜索词条时，就明显地暴露了其需求，直接成为推手的目标。因此，在要推广某产品时，推手会在该类网站上自制问答。例如，某推手公司给 S 药做的精准问答便是抓住了"甲流"肆虐的时机。在 2009 年 5～7 月份，做了精准问答252 个，主要针对网友对"甲流"和普通感冒的提问。

针对 S 药的精准问答

（五）视频网站

随着近两年视频技术的成熟，推手将视频也作为了一个传播途径。与制作话题帖的方式相同。

具有"新、奇、特"内容的视频更容易被点击和传播。与话题帖相比，视频制作成本高，但其工作量少，也更容易吸引人。例如，某网络营销公司为 S 药制作的视频《国产生化危机》只上传了地址 20 个，累计点击 68 万余次，6 家网站在首页或频道首页推荐，其中新浪视频在其首页推荐 4 天。

三精制药 健康中国		主题	点击量	回复量
5月—7月发布帖子情况列表	主题 25	宠物医院太黑人	19927	251
	主题 26	绝对真实偷拍公司前台 MM 的……	307525	1227
	主题 27	成都是如何制造快乐的	29650	106
	主题 28	20 岁的我跟男友同居了，乡下妈妈却要来看我	74018	549
	主题 29	六一，给孩子过一个健康教育儿童节	9526	102
	主题 30	能吃药的话还是别打针	11525	70
	主题 31	技术贴，对甲型 H1N1 流感预防及治疗的分析	4446	16
	主题 32	两个瓶子的蓝色生死恋	112722	361
	主题 33	太龙药业步广药白云山后尘股价涨停背后隐藏着什么	7982	46
	主题 34	囧！今天早上的囧事	52103	312
	主题 35	太龙药业篡改国家公告欺骗股民	4607	34
	主题 36	囧！刚出考场就被俺娘关了禁闭！	17277	199
合 计			651308	3273

5—7 月某公司为 S 药制作的视频和点击量

（六）QQ、MSN 等 IM（Instant Message）聊天软件

聊天软件是不同于网络的一种传播方式,中国的聊天软件中,腾讯 QQ 最为发达,注册用户达到 9.9 亿,同时在线用户达到 8000 万。[①] 与网站和论坛不同,网络聊天属于点对点的信息传输方式（好友之间）,因此对受众的积极性要求得更高,但是一旦信息能够在上面传播,效果也更好,是标准的病毒式营销。由于聊天软件能够建群（多个好友分享同一个聊天界面）,也可以形成爆炸式的传播方式,所以,聊天软件也是推手较为看重的平台。中国网民喜欢关注和分享经典的、逗乐的、讽刺现实的、略带色情的舆论,因此,推手会制作一些易于传诵的 QQ 信息,要求发帖员们在各个群上传播。例如某推手公司给某品牌的双黄连做的 QQ 群传播信息,就是一首顺口溜。

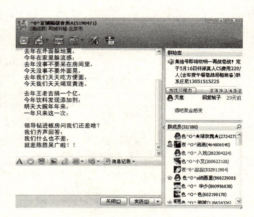

推手为 S 药制作的 QQ 群顺口溜

（七）E-mail

类似于邮件营销,但是由于大部分邮箱都有屏蔽广告的功能,因此推手对该手段使用较少。

（八）电子杂志

类似于新闻,电子杂志的软文也是推手的平台之一,但是成本较高。

（九）圈群

即类似豆瓣网、校内网等各种按职业、兴趣爱好划分的网站。软文是方式之一。

二、投放人群：意见领袖

与投放平台相结合的另一个重要考量,是投放人群——意见领袖（Alpha Users）定位与选择。"影响有影响能力的人"（"Influence the Influencers"）是网络推手提出的"精准推广"的原则。[②] 因此,网络推手们在投放其所制作的帖子、视频、软文等各种推广内容时,会挑选目标群体。网上群体中的活跃网民、论坛版主,以及相关网站

---

① 2009 年 10 月 10 日,腾讯公司发布数据。

② 某营销网站的经典案例 ppt,通过深度访谈获得。

的网民,都是目标群体。选择目标平台,实际上也是选择意见领袖的过程。

例如,某网络营销公司在为李宁体育用品集团旗下的一款篮球鞋"蚩尤"做广告时,制造了一个"拆卸李宁运动鞋"的话题帖,只选择了 8 个论坛,但都是体育论坛或体育版块,深度解剖产品,因为该论坛用户都是目标用户,因此对于专业术语也能够接受,才能够引发讨论。

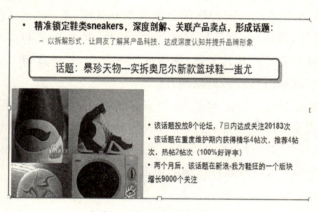

李宁运动鞋的网络推广之一

李宁运动鞋的网络推广之二

三、投放量和投放周期

推手制作的内容,虽然在选题上已经是采取秘密营销的方式,并且尽量采用易于传播的字眼。但是,也并不一定会引起网民关注。因此,在推广的初级阶段,推手会制作大量的内容,进行海量投放,以甄选出比较受网民欢迎的帖子。然后,再加大优质内容的投放力度。在舆论全面引爆后，推手会逐渐退出投放，仅仅是做一些引导和维护工作。

例如，某公司的视频推广周期一般为5个星期：第一周提供产品素材，召集原创团队，提出要求；第二周制作视频；第三周视频上传，联系各个网站在好的位置推荐，每个节目保证10万点击量；第四周进行筛选；第五周优选精品视频进行全面链接推荐。

整个5～7月份S药的宣传视频分别投放到优酷、酷六、土豆、56、六间房、新浪视频、搜狐视频、激动网、CCTV星播客、爱播网、爆米花等11大视频网站进行覆盖传播。共创作视频宣传片9部，发布地址110个，累计点击2,860,318次，到目前为止依然有视频宣传片被网站推荐。

而在帖子的投放上，更是"海量"。仍旧以S药为例：一个季度共创作论坛稿件60篇，一共发帖5,324个地址，其中有效地址为4,980个，总点击：2,521,937，总回复：15,445；发布稿件中有350篇次在网站有首页推荐、边栏推荐或加精置顶等推荐操作，50篇次被各种媒体做新闻报道。

第二节　如何投放（网络推手生态链）

从上文可知，网络推手公司在与企业客户接洽好业务后，需要短时间内制作并发布大量的帖子、视频、QQ信息等，还需要统计好反馈，做好维护。这么大量的工作之所以能够完成，是因为在网络推手公司的下游，还有一支庞大的"水军"——一群规模巨大的"发帖员和顶帖员"。如果说上游的推手们完成的是"创意"，那么下游的"发帖员和顶帖员"完成的就是终端的体力活动。推手公司将任务派发给下游的发帖员和顶帖员，这中间产生了中介式的角色"发帖群"，信息和文件的传送渠道则是中国的一款聊天软件腾讯QQ。下面对整个生产链进行剖析。

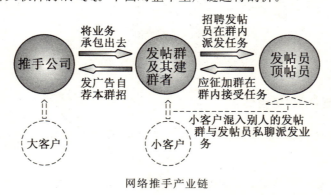

网络推手产业链

30

一、发帖群

在招聘论坛上,经常会有"招聘发帖员"、"招聘网络兼职"的招聘广告。广告上要求招聘对象有丰富的网络经验,有大量时间,日工资 50～100 元。目前,在 Google 上搜索"招聘发帖加群"可得结果 11,800,000 个。

需求旺盛的发帖员行业

本研究选取了其中的"静香发帖工作室"进行案例研究,并加入了他们的群。

静香发帖工作室的招聘广告

每个群都会在群共享三样东西:1. 本群的生存规则。2. 提供给发帖员们的一些发帖用的作弊工具(后文详述)。3. 上交任务用的模板(后文详述)。

静香发帖工作室的聊天窗口

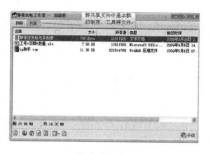

群共享页面

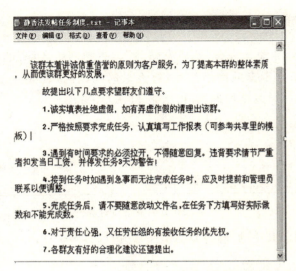

静香群的生存制度

网络推手产业链最底端的"发帖员"、"顶帖员"们，为了接活儿，一般都加许多这样的群。比如本研究所访谈的一位发帖员 T①，他加了 100 多个发帖群。接的多了，做得好了，就成了固定合作关系了。发帖群的群主往往是团队性质的，他们组成一个工作室。因为上游来的业务工作量大，有时间和量的要求。另外，团队成员多，到处找活儿，接的活才多。

静香这样的群主一般主动在论坛上发广告，例如网赚论坛，往往他们招发帖员的广告，也是给客户看的广告。有的小企业，比如一些淘宝店铺，则通过这种隐形的广告来找发帖群帮助推广。

二、发帖与顶帖

发帖分为主题帖和回帖。主题帖指发帖者就是楼主，回帖则不是楼主。一般所指的"发帖"，即发主题帖。如果要求发"专项帖"，则是要求既发主题帖又回帖。如果要求做"专业维护"，就是顶帖工作。

（一）发帖概况

帖子的内容，又包括图片帖、文字贴等等。发帖的方式，有的是在一个论坛的

---

① T 与本研究者之一在"静香发帖工作室"相识，乃广西南宁人，壮族，27 岁。专职网赚，所做工作包括发帖、帮别人维护网站，并且自己运作了一个电影网站。在其收入中，推手带来的收入占 50%，约为 30～50 元/天。

多个版块发帖，有的是一个论坛一个帖子。

　　群主在与推手公司接洽好业务后会在自己的群里找人发，告知发帖的内容，在什么时间内发完。不会告知精确的论坛名称，只给出一些范围，这就要求发帖员们自己去寻找相关论坛，进行注册，注册好 ID 后再发帖：

> **小智 (723756107) 16:36:18**
> 主要论坛以教育论坛，教育板块，高考论坛，高考版块为主的分类信息　主题帖，存活4毛 删帖2毛
> 日结 有资源 能做的私聊我　　非诚勿扰

静香发帖工作室 2009 年 8 月 16 日的发帖任务

　　ID 资源如同发帖员的生存装备，也是重要的资源。在论坛上注册 ID 是一件费时费力的事情，因为论坛往往要你填许多信息。此外，并不是所有的论坛一注册就能发帖，可能 24 小时或者 48 小时后才能发帖，而有的论坛则是按等级或者积分来，如果 ID 没有达到一定积分和等级，就不能发帖。每天发帖的个数、发帖的形式也有限制，比如有的论坛没有达到级别就不能发图片帖，那么有图片任务的活儿便做不了。这也是论坛抵制广告贴的一个措施。这样的话，对于发帖员来说，如果手脚不够麻利、动作不够快的话，就赚不到多少钱⋯⋯T 告之，一天下来，新手最多只能发 50 个帖，如果一帖 3 毛，那么只能赚 15 块钱。

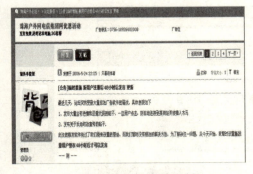

珠海户外论坛的发帖限制

暗黑破坏神论坛的发帖限制，来源于暗黑
破坏神网站

（二）顶帖

　　顶帖又称为维护，没有发帖麻烦，因为它没有发帖那么多的限制。在论坛里，只要注册好了 ID，回复其他人的帖子是可以立即执行的。顶帖员的作用就是要维护推手们已发帖子的人气，提高点击量，因为一篇帖子的点击量和回复越多，越容易被置顶、加精或者被论坛版主放到首页上去。

顶帖任务的要求比发帖更细,派任务者会告知顶帖员到哪些论坛去、顶哪些帖子,给出一个详细的单子。

顶帖的任务量大,普通的帖,顶帖员需要将其顶到 200 楼,或者 2,000 楼去。如果是技术性的帖,则只需要顶到 50 楼。所谓"技术帖",就是技术话题或学术话题的帖,一般人不感兴趣,更需要维护。

顶帖的价格比发帖要低,底层的这些推手们更加喜欢顶技术帖,顶这样的帖钱多,甚至比发帖还好。

（三）价格

T 透露,目前发帖正常价格是在 0.25 元到 0.60 元。普通的、能在发帖群里出现的,是 0.25～0.60 元的帖子。对于发帖员来说,0.60 元的帖子也是价格很高的了,根据 T 介绍,这种帖子的难度在于,0.60 元的帖子往往是商业痕迹比较明显的广告贴,在被论坛版主审核时往往容易被删,而客户却要求发帖后能生存 24 小时以上,如果被删了报酬则由 0.60 元/帖降低到 0.20 元/帖。静香工作室发帖任务图,即为删帖后报酬降低的例子。

也有 1 元以上,甚至 6 元一个帖的。这种帖是高价任务,往往采取投标式。这种帖子不招人,往往是发在平台上做,业务流程如下:发布业务→交稿竞标→选稿→赏金支付。这种任务因为价格高,投标者趋之若鹜,发布方选出最好的几个,未

淘宝高价帖案例

中标者则成了免费劳动力：下图①是一个招代理广告商的发帖任务，发布方是一家淘宝店户，发布平台是猪八戒网②，要求如图。

三、注意事项

1. 发帖限人工发帖，机器发帖无效，不予审核。
2. 不能发到色情、反动等网站发贴，如果发现此类不健康的信息在一起，全部成绩无效，取消参赛资格。
3. 同一帖子内容不能在论坛上同一个版面重复发布，可以在同一个论坛不同版面发布，但不能超过 2 帖。发帖后请登记发帖记录，我们会随时检查帖子的真实性，帖子被删视为无效。
4. 发帖的论坛会员注册量至少在 1000 人以上，低于此数字的论坛被视为无效帖。
5. 发帖过程中也不能登记假地址，发现一贴，立即取消中标资格。同一贴子只能登记一次，否则，取消中标资格。
7. 如果本帖发布在不良网站内，一经发现立即取消参赛和中标资格；
8. 不能在灌水区发帖，一经发现立即取消参赛和中标资格；
9. 不能在 5D6D 论坛，或者网站联盟上发帖。一经发现立即取消参赛和中标资格；
10. 不要在广告版或某些不相关版块发帖（如：灌水版、图片视频、投拆建议、网站合作、求职招聘、教育培训、医疗健康、旅游、体育、婚嫁、游戏、股票 等等跟绢人外事礼品毫不相关的版块）。
11. 在截止日期之后 48 小时内，必须保证发布的信息还处于正常状态，被删除的不计分。需要注册才能看到的不计分，即直接点击你登记的帖子地址要能直接看到。
12. 在同一版块内，只计最先发布的会员的成绩，所以请大家发帖时不要使用其他人的论坛地址，或在网上找论坛时尽可能避开大家常用的搜索论坛的办法。发帖内容中必须保持文章中的超链接和图片，否则视为无效帖。

高价帖的要求很高

可以发现，高价的发帖任务要求高了很多。发布时间是 2009 年 2 月 10 日，于 2009 年 3 月 5 日结束竞标。共计 31 人投标，收到 116 个稿件。然而对于发布方来说，他们在一百多个高相关度的网站的数百个版面上发布了广告，而成本只有 50 元。让人不得不感叹网络营销的低成本。

值得注意的是，中标者并不是只有一个发帖员，而是在参与竞标的发帖员的所有作品中，挑出发布方认为最满意的，因此，可能一位发帖员发了 50 个帖，但是他只有 5 个帖被选中，那么他只能拿到 0.80 元×5＝4 元钱。本例中，任务发布方就是从所有的链接中，选了 8 个投标者中所提交的部分链接。

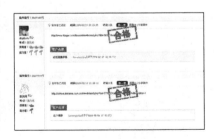

中标的部分帖子

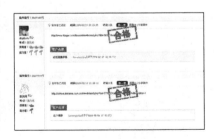

---

① 猪八戒网，http://www.zhubajie.com/.
② 猪八戒网，http://www.zhubajie.com/，网赚中介平台，营业模式类似淘宝网，即付款者先将钱汇入该网站中介账户中，交易双方确定交易成功后，猪八戒网再把钱支付给收款者。猪八戒网在每次交易中会提取中介费，比如本文所举的 1 元/帖的例子中，猪八戒网会抽取 0.20 元的中介费。

这种审核方式下,发布方还需要查看每一个链接,必要时给出审核理由。所有的提交作品都会在猪八戒网上展出,对于中标的,发布方会打上合格。整个过程还算是公开透明。

竞标完毕

价格越高的帖子,往往难度越大。T还给笔者介绍了6元钱的发帖任务。这类帖子往往是组合任务,6元/一组任务,一组任务可能包括多篇帖子,一起合格才发钱,有一个不合格就不给钱。另外,帖子是内容很长的主题帖,而且许多图。"这种帖子,没有几个论坛给发的,要完成任务不容易。"T说。

本研究所搜集的案例中还有一个名为"唯有爱七夕7号任务——全民发帖,你我参与"的文件,即为一家名为"唯有爱"公司在猪八戒网上发布的6元/稿的任务。任务要求极为苛刻①:

【三】惟有爱7号七夕大任务——全民发帖,你我参与！
1. 任务编号：QX007
2. 任务名称：惟有爱7号七夕大任务——走,到目标论坛/博客去注册、发帖
3. 任务内容：由惟有爱提供最详尽的操作资料(发布内容、目标论坛类型、博客等,见附件);朋友们一起去注册、发布内容即可。
4. 任务要求：
(1) 每个论坛注册2个账号(A/B2个账户),A账号在不同版块共发帖5篇;B账号用于回帖1次
(2) 每个帖子一定要用B账号回复1次
(3) 要求发一篇到自己的空间、博客上
(4) 所需资料和操作步骤,全部由惟有爱提供,请下载附件;
(5) "5个帖子+1篇博客"为一个稿,一个稿6元
5. 任务佣金：计件总奖金为3600元,"5个帖子+1篇博客"为一个稿,一个稿6元,共选择600个稿;
6. 具体发帖资料见附件。
7. 附"样品帖子"参考：(不是目标论坛,仅供内容参考)

"唯有爱"高价帖

---

① "'唯有爱'七夕任务"是一个针对2009年七夕节的系列推手活动,帮助"唯有爱"公司推销产品。从2009年8月6日开始,仍在进行中,详情请见本研究搜集的相关资料。

1. 所谓 6 元/稿，实际上是"'5 个帖子＋1 篇博客'为一个稿，一个稿 6 元"。

2. 每篇帖子不光要发主题，而且需要做维护（自己回帖）。即发帖员需要在每个论坛注册两个账号（A/B 两个账户），A 账号在不同版块共发帖 5 篇，每个帖子用 B 账号回帖 1 次。

三、支付

关于支付，国内用支付宝。发帖业务的结算，有日结的，有周结的，或者是任务全部做完了以后再结。

派任务者会给发帖员一个 Excel 的文件模板，要求他们把发帖的地址和发帖的 ID 和密码填好，如同批改作业，派任务者收到这份 Excel 文件后会去检查每一个链接，看看帖子是否合格，有没有被删。

在发帖工作群里，通常群共享文件里会找到这个群的通用模板。以"静香发帖工作室"为例，他们是按日结薪酬，要求发帖员们每天反馈如下的 Excel 文件，文件名为："工号＋日期＋数量"，审核通过后，发帖员的薪酬才会打入他们的支付宝账户上。

四、收入

专职发帖者，收入水平取决于他们的发帖速度和水平。有的人加的群多、在各论坛的 ID 资源多、发帖速度也快，收入就高些。反之则收入微薄。根据 T 介绍，发帖最快一天可以发 300 帖，若 0.30 元/帖，则日入 90 元，发帖最慢的，一天则只能发 20 到 30 个帖。

用 T 的话说，发帖分三六九等，有的一天工作 10 小时，收入只有十几块，有的人只工作六七个小时，也能日入 100 元。

仍然可以看出，若专职发帖，并不是一个高薪行业，最高月收入也只能是 3000 多元。

因此做网赚的，并没有多少专职发帖的，比如 T，他除了发帖，还会帮别人的网站做程序、维护等，自己还在运行一个看电影的网站，靠出租广告位赚钱。在他的月收入中，发帖带来的收入只占 50% 左右。

五、养 ID 和 ID 交易

注册 ID 的繁琐以及高级 ID 难以获取，促使发帖员通常会养 ID，即一次注册一批号，先留着不用来接任务，等 ID 等级上升到一定程度，一次能在论坛里发很多帖而不会被删时，才用来接活。这样一次接多个任务，用该 ID 在同一个论坛里发多个来自不同任务的帖子，从而事半功倍。

据 T 介绍，他每一批同等级的 ID 就是四五个，一个 ID 同时发多个任务的不同帖子，一次能赚十多块钱，这样无需注册很多个 ID，一天只需干五六个小时，就能赚 30～50 元。

现在，T 有 20 批这样的 ID，做长期储备。

在发帖行业里，ID 是一个值钱的东西，有的论坛是很难升级的，而等级越高、积分越高的 ID，通常可以一天内发很多帖子，且享有不被删帖的权利，这样的 ID 很值钱。

而因为每次交结任务时，发帖员需要将自己的 ID 和密码交给派任务者，有的派任务者就会将发帖员的 ID 盗走，自己用或者是转手卖了。

因此，一些"资深的"发帖员在交任务时，不会将密码交出去。T 透露，他有的 ID，因为一天能发 100 个帖子，在业内已经可以卖到几百元。据悉，能卖到 200 元的 ID 要么是版主 ID，要么是意见领袖。这样一批高等级的 ID，T 在上交任务时，从来不把 ID 和密码上交。

六、IP 助手、顶帖器、注册器

为了加快发帖，底层的推手们会使用一些技术工具。例如 IP 助手、顶帖器、注册器等等，一般每个发帖群的共享文件里，都会提供一些类似工具。

（一）IP 助手

许多论坛为了防止发广告帖和顶广告帖的现象，对同一 IP 在一段时间内的发帖次数做限制。因此发帖员们用 IP 助手来逃开这些限制。

IP 助手

（二）顶帖器和发帖机

自动顶帖和发帖的工具。操作程序为：打开要发的帖子，并且登录论坛账号，然后打开顶帖器，点击开始。此时，这里机器会自动捕捉论坛。自动顶帖的最小间隔时间一般推荐 45 秒，最大 60 秒。

顶帖器

发帖机

（三）注册器

能自动帮发帖员迅速想出很多用户名和密码，省去打字时间、想名字和密码的时间。

自动注册机

不过，以上这些工具，并不是百分百灵光，很多论坛也会有技术设置，可以阻挡这些工具的使用。

第三节　投放内容

推手陈墨曾撰写过相关文章，提出"波式多次传播"理论。认为传统媒体"无论创意多么超群、内容多么优秀，观众也不会把一个电视内容搬家到另一个电视台去播放，也不会去把一个平面广告翻印到另一份报纸或户外广告牌上供更多人观看"，所以"传统媒体的传播方式为一次性的"。相比于传统媒体，网络媒体的共同特点是：被"Ctrl＋C"和"Ctrl＋V"最多。网络媒体的传播途径是："网站→网民

→网站"，这是一种无限重复的高速传播模式。① 如果这其中是网民自发在参与，便可收到传播费用最小、传播范围最广的效果。陈墨说："在网络宣传中，打造最有价值的网络广告，不等于打造最精美的 FLASH 内容，而是打造网民能自发参与传播的网络内容。"

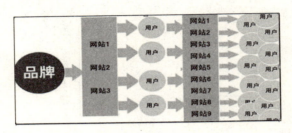

陈墨的波式传播理论

因而，纵然能够通过组织发帖员队伍来扩大投放平台，网络推手的价值在于——让网民自发地参与传播，但是推手投放的内容怎样，才可以吸引网民的关注同时又不被看穿呢？

如何刺激实现"自发"二字？我们分析推手制作的内容，总结出以下五个原则，几乎所有推手在制作内容时，都会从这五个原则出发。

一、情欲原则——走情色、娱乐路线

人类原始欲望包括情欲，这些都是网络的启动力量。网络推手们非常熟悉如何打"情色"的擦边球，推手们往往用令人想入非非的"标题党"来吸引眼球，提高点击率。在前述 S 药推广中，3 个月的时间内总共发了 60 个主题帖，随便取出其中 10 个帖子，从其回复量和点击量中，可以发现位居前三的均是略带情色的"标题党"帖。

5月—7月发布帖子情况列表	主题		点击量	回复量
	主题25	宠物医院太黑人	19927	251
	主题26	绝对真实偷拍公司的台MM的	307525	1227
	主题27	成都是如何制造快乐的	29650	106
	主题28	20岁的我跟男友同居了，乡下妈妈却要来看帖	74018	549
	主题29	六一，给孩子过一个健康教育儿童节	9526	102
	主题30	能吃药的话还是别打针了	11525	70
	主题31	技术帖：对甲型H1N1流感预防及治疗的分析	4446	16
	主题32	两个瓶子的蓝色生死恋	112722	361
	主题33	太龙药业步广药白云山尘股价涨停背后隐藏着什么	7982	46
	主题34	图！今天早上的囧事	52103	312
	主题35	太龙药业篡改国家公告欺瞒股民	4607	34
	主题36	图！刚出考场就被俺娘关了禁闭	17277	199
	合计		651308	3273

表格内注释：但是实际上，这些帖子内容都是正常的，不过是提到了三精双黄连这一产品。

S 药点击量较大的 3 个帖子

---

① 陈墨：《炒作之道：从网络红人学网络营销！》，陈墨新浪博客，2007 年 1 月 4 日。

此外,追星、娱乐也是网民的爱好。因此,打娱乐擦边球的帖子亦受欢迎。例如,某推手公司在给某服装品牌做广告时,打出的主题则是"明星撞衫"。

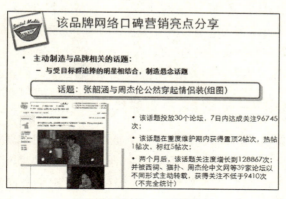

情欲原则案例——明星撞衫

二、伦理原则——锄强扶弱、民族大义

人类社会文明的某些伦理道德,在互联网上也同样适用。同样的,网民对弱势群体较为关注,对强权群体则天然排斥,对劫富济贫等现象则很欣赏,这是互联网成为社会公器的原因之一,也成为网络推手推广时的出发点之一。

在 S 药做的推广中,有一个帖子是《成都马六男当街狂发预防感冒药》。该帖子的情景设置在 5 月 12 日地震纪念一周年,事件发生在成都,主角是一个驾驶马自达六的男子当街免费发放 S 药。当日晚上,以此事所做的图文帖首发在 TOM 网论坛,自发转帖 30 个地址。随即成为当时论坛中的热点话题,该男子的作为引来网友的一片称赞。在 3 天的时间里,百度网络搜索量就达到了 2,300 余条,而从事件的长远效应看,时至今日,事件已过去两月有余,百度网络搜索量仍然有 21,000 余条。众多网友自发转载到论坛和博客中,还有黄河网、苏州网、搜狐网、巴中网、四川在线、凯迪网等网站纷纷转载。

伦理原则——某公司为"剩余人生"
设计了"公益 8 分钟"的环节

同样的,在后期的"推人"中,网络推手为了让人物形象适应各种企业产品和活动宣传的需要,"推人"行为非常慎重,推手们会花大力气打造网络红人"热心"、"善良"、"公益"的道德形象。例如,在推"天仙妹妹"时,便与中国儿童少

年基金会合作,成立尔玛依娜专项基金,帮助山区儿童上学;在"剩余人生"一例中,推手为主人公陈潇设计了"公益8分钟"的环节,即设立"8分钟"的时间产品,8元钱一个,拍下后这8元钱收益将捐献给慈善机构。一般来说,网友拍下这几分钟都是送祝福。因为捐款主体是关注相关网络红人和网络事件的网民群体,因而这些慈善举动会随着热度下降而中止。例如"剩余人生"的"公益8分钟",一旦淘宝网停止续费,则"剩余人生"淘宝店将立即关闭,"公益8分钟"自然也将停止。

三、热点原则——走时事、政策路线

网络推手在推出某产品或活动时,一个重要原则是"创意要切合热点"。某网络营销公司在其团队介绍中说:"顺天应时,制造热点。所谓热点,就是'热'中找'点',探寻当前网络之热,找准网络G点,轻轻一挠,则整个网络花枝乱颤,热烈响应。"[1]

在较为人知的几则案例中,都可以发现"热点营销"。例如"封杀王老吉"一案,是与"加多宝集团[2]为地震捐款一个亿"的新闻热点相呼应;为"S药"推出的内容则顺应了"甲流肆虐"和"抗震一周年"的时事热点,塑造"S药"带领国人以抗震般的顽强精神对抗甲流的形象。

四、情绪营销——走猎奇、无厘头路线

这一方面最著名的案例是2008年7月的贾君鹏事件,推手公司在百度魔兽贴吧推出"贾君鹏你妈妈喊你回家吃饭"一帖,并扮成贾的亲朋好友祖宗宠物在贴吧里做出回应和对话,这一系列帖子使得整个贴吧氛围非常荒诞,并具有喜剧效果,网民大量进入魔兽贴吧,或参与或围观,随后传统媒体跟进,分析评判这一无厘头的句子为何引发热烈的现象,导致该帖子被点击超过40万次,转帖777次。

情绪原则——贾君鹏事件

五、资讯营销——模拟用户身份,给用户以可利用的信息

当一个推手行为不含有情色、娱乐、伦理等心理吸引价值时,吸引受众的任务

---

① 通过对该网络推手公司的深度访谈获得。
② 王老吉为加多宝集团旗下产品。

就落在了咨询价值上。受众对一个产品的接收过程如下："认知度→偏好度→购买欲→忠诚度"。而在这一过程中,网络推手发现,人们更愿意接受资讯,而非广告,传统的网络广告(又称硬广告①)到达率并不高。口碑传播将广告隐藏在资讯之中,使受众主动接受并信任,传播效果更好。

例如在宣传某产品时,网络推手通常会以"用户体验帖"来制造话题,作为交互式的营销传播,使网友在参与话题的自然互动中,不断加深了对此新品的认识和好感度。例如:某公司在为蒙牛的冰棍品种"蒂兰圣雪"做推广时,制造的话题为"教大家如何做冰淇淋沙拉",引起了用户的讨论。

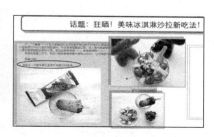

资讯原则——冰棍案例1

随着讨论的深入,推手有意识地加以领导,网民对品牌的认识进一步加深,甚至为其创造出新的品牌名称——dlsx(指蒂兰圣雪)。而且出现了对产品价格的讨论,话题促动了消费尝试,网友甚至联想到高端产品对比,从而达到了推手的预期目的。

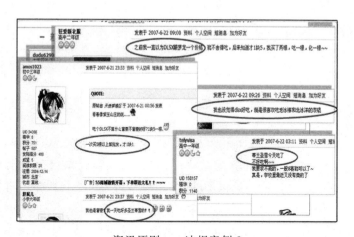

资讯原则——冰棍案例2

第五章 网络推手的运作模式

---

① 硬广告包括:网幅广告(即 Banner、Button、通栏、竖边、巨幅),文本链接广告,插播式广告(弹出式广告)等。

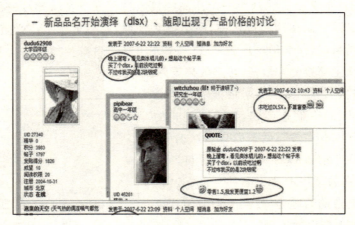

资讯原则——冰棍案例 3

第四节　维护和监测

一、维护与监测工具

在做了口碑宣传之后，投放工作已经不再变得重要。要做的是维护工作，目的有四个：

（一）掌握受众对所发布信息的反馈

推手团队需要计算投放的各种帖子视频的点击量、回复量、转载量等等，然后将较好的发布信息筛选出来，继续投放，随时调整战略。做产品和活动宣传的推手公司，与企业客户的合同都是短期的，费用按月计算，每个月都要对接手的案例进行推广总结，客户觉得合格则继续续约。

（二）保持关注度。如果在推广过程中关注度下降，需要进行舆论维护，重新将事情"炒热"

不但是产品和活动宣传需要舆情维护和监督，而舆情维护和监督也是危机公关和日常网络宣传的手段。舆情监控和监督对象有 3 个：Blog 和论坛、搜索引擎、新闻媒体。下图为某公司互动网络监测的五大方向。其中"数据自动报告"可以生成日报告、周报告、月报告；"论坛 Blog 实时监测"是说它会 10 分钟扫描指定区域，扫描出来的东西由专人进行分析判断；定向搜索引擎则是监测搜索百度、Google、雅虎、新浪、搜狐等引擎的搜索结果；"舆情监测"是监测新闻单位的报道。

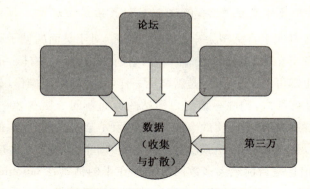

某推手公司网络监测的五大部分

（三）监测竞争对手

每个网络营销公司有一套自己的舆情监测系统。看两个产品监测的例子，如下两图能够观测到竞争对手的网络信息的状态，以其为"杰士邦"安全套做的维护为例子，不仅能够看到几个月前"杰士邦"的正面负面的信息量，还可以看到"杰士邦"的竞争对手"杜蕾斯"、"冈本"的信息量的对比。

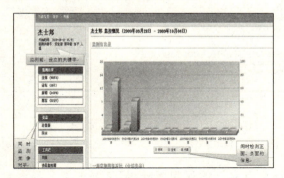

监测系统 1

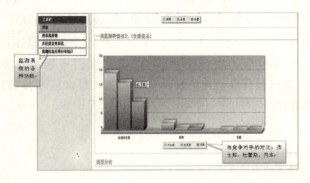

监测系统 2

（四）预防和处理危机事件，保证企业和产品正面形象

推手的任务其实主要是删除一些负面的新闻，对于负面的帖子则不用费太多力气。因为帖子是指在论坛里面传播的内容，它的影响力十分有限，很多时候只要花点时间联系版主都可以删除的，但是新闻不一样，只有编辑能操作，甚至大的网站只有审核的人员才有权限，删除一篇门户网站的负面新闻价格在 800～1000 元之间。"绝大部分删除的内容都是真实的事情，只是触及了某些人的利益，他们不想让别人看到、知道，所以要删除，只要给钱没有删除不了的事情，"该公司业务经理说。①

删除负面信息是目前绝大多数网络推手在干的活。在 Google 搜索引擎上搜索"删除负面信息"一词，可以得到 4,190,000 个搜索结果，许多公司声称"只要有负面消息就删，信息绝对不泄露，保证删除后再付钱"②。

删除负面信息

二、效果评估

各推手公司都会有自己的评判标准，但是绝大部分都会看重转载量和点击量。某公司提出"http"考核标准和关联度测评方式：H—Hompage 首页数量，T—Top 加精置顶量，T—Transmit 转载量，P—Pageview 点击量。

网络推手杨秀宇（网名立二拆四），也是尔玛互动营销的总监，提出过"立二指数"，指出在一个成功的推手事件中，以下各要素应当占据的比重：论坛穿透力15％，门户和社区报道量 25％，传统媒体是否报道 20％，是否大面积跟风 20％，是否在社会形成口碑 20％。③

---

① 通过深度访谈获得的信息。
② 由 Google 搜索结果呈现。
③ 通过访谈该推手公司内部人士获得的信息。

第五节　与目标网站、版主的幕后利益交易

如上文所述，所有的推手公司与网络媒体都是有关系的，既有利益关系，也有人情关系。无论是投放内容还是删除内容，都可以做到。早期的推手所做的推广，主要是给网站提升流量，而现在的商业推广，在推广产品的同时，也给网站流量带来了提升。

根据访谈，行业内部有一个价格表，全国十大门户论坛，一个帖子置顶精华一天价格是 260 元，一周是 1,500 元。这十大论坛分别是：新浪、搜狐、网易、TOM、中华网、中文雅虎、163 邮箱、263在线、21cn、FM365。

十大论坛	置顶、精华的价格
新浪	
搜狐	
网易	260元RMB/天
TOM	
中华网	1500元RMB/周
中文雅虎	
21世纪网	
263在线/	
163邮箱	
FM365	

与网站论坛的交易价格

第六章　如何判断和甄别推手行为

互联网本是网民自由发言之地，也被认为是社会公器之一。然而，推手及其下游庞大的雇用发帖员网络，在商业目的下，通过有组织有策划的舆论操作，能够影响整个互联网的舆论动向。

在目前法律存在漏洞尚无有效监管网络推手的情况下，网络能否实现一定程度的自净？——自净的前提，是网民能够甄别推手行为。下面提出一些甄别办法。

第一节　查找各大论坛是否同时有相同的主题帖

推手推出一个事件，因为成本的原因，一般都是从论坛发帖开始，为了保证帖子被迅速传播，原始帖都会发在较大的论坛。首发阵容是天涯、猫扑、TOM 社区和百度贴吧，其次是新浪、搜狐等大型门户网站的社区。

因为发帖时间集中，往往同一篇帖子会在同一天被投放在这些论坛上。因此，去各大论坛寻找原始帖，是推测一个热点事件背后是否有推手的依据之一。观察"剩余人生"一例，能发现其原始帖在两天之内出现在重要论坛里。

"剩余人生"原始帖是《我把自己的下半生交给网络（开始中）》，主人公陈潇在此文中表示要由网友开始安排自己的生活。12 月 5 日、12 月 7 日，在猫扑、天涯、新浪分别出现了此帖，发帖人都叫做"懒人的生灵"，发帖内容也相同。

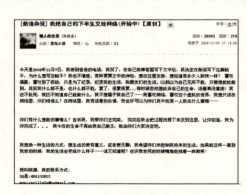

"剩余人生"在新浪论坛里的原帖

"剩余人生"在猫扑论坛里的原帖

"剩余人生"在天涯论坛里的原帖

第二节　内容里带有商业字眼

推手的目的在于商业,第一目的是为了增加客户的曝光,最终目的是为了提高客户的销量。因此,推广的内容里一定要有客户的关键字。因此,网民在浏览网页时,看到一个热点帖子、视频或新闻,最好是带着质疑精神,一旦里面有企业名称或产品的字眼,就得警醒。

例如,陈墨为喜临门床垫做推广时,尽管用了大量的图片帖,但是仍然在字里行间透露客户信息。

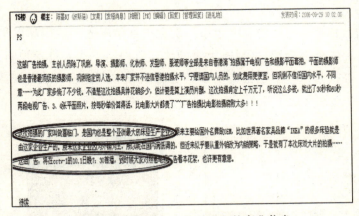
陈墨在推广喜临门床垫时注入的商业信息

喜临门案例属于较为明显的,也容易被网友看穿。为了不迅速被人看穿,目前许多推手在一开始推广时,都不会有商业目的,只是等事件达到一定的热度后才进行产品植入。以某公司 2009 年做的案例"一元钱渴望搭上生命的末班车"为例。2009 年 8 月 2 日和 3 日，猫扑、天涯上帖子《一元钱渴望搭上生命的末班车（图文直播）》，一个患先天性心脏病走路都很吃力的农村女孩胡晓娟，为了能在 7 天内凑齐自己的手术费，决定到大街上"以一元钱为凭据借百元"向路人筹集善款。该公司派人跟拍，在网上直播大量的图片，原帖不带有任何商业痕迹，甚至放上了医院的诊断证明，胡晓娟家庭的贫困证明，收到网友的慈善捐款后，又放上了汇款证明，真实度非常高。

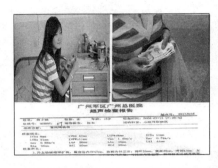

《一元钱渴望搭上生命的末班车》天涯原帖 1　　《一元钱渴望搭上生命的末班车》天涯原帖 2

　　由于在网络上受到大量关注，8 月 4 日，《广州日报》和南方电视台对此事进行报道。此时，整个事件算是被引爆。这时，该公司才开始植入商业成分，原来整个事件是为某家慈善网站所做的宣传，该网站将其收入的 40% 捐给心脏病患者。

　　8 月 7 日，该慈善网站的名字才第一次在事件中曝光。该网站以捐助者的名义承担了患者的全部费用，之后有大量的该慈善网站工作人员探视病人的照片，同时在酷 6 等视频网站上也上传了以其主题歌为背景音乐的慈善视频。被推方的口碑形象立马被塑造了起来。

事件被爆炒 5 天后，推手才
植入商业信息

最后,在短短一周时间里,不仅成功完成了整个炒作的所有步骤,还收到网友自发的捐款 16 万元。①

第三节　Google Trends、百度指数

被推手推出的事件,因为关注度迅速提高,搜索量也会迅速提高。因此,利用 Google Trends、百度指数等观测工具,亦可以看出一事件是否被"推"。Google Trends 是 Google 推出的一款基于搜索日志分析的应用产品,通过分析 Google 全球数以十亿计的搜索结果,告诉用户某一搜索关键词各个时期下在 Google 被搜索的频率和相关统计数据。在 Google Trends 中,每一关键词的趋势记录图形分为搜索量和新闻引用量两部分,用户可直观看到每一关键词在 Google 全球的搜索量和相关新闻的引用情况的变化走势,并有详细的城市、国家/地区、语言柱状图显示。② 百度指数和此类似。例如"封杀王老吉"事件推出时,王老吉的搜索量剧增。贾君鹏事件亦如此。

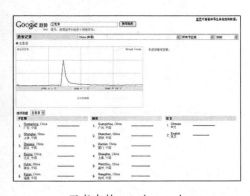

王老吉的 google trends

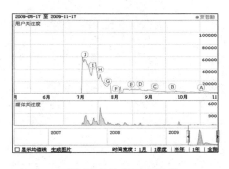

贾君鹏事件的百度指数

在利用这种观测工具时,输入的关键词应该包括:"有嫌疑的被推方"与"事件关键词"。

例如上文"快乐点"一例,在 Google Trends 和百度指数中,可以用"快乐点"和"胡晓娟"作为关键词来查看。

---

① 通过访谈该推手公司内部人士获得信息。
② Google Trends 网页, http://www.google.com/trends.

第四节 检查该发帖 ID 的其他内容，是否为商业行为

当我们质疑一个帖子是否是推手炒作，一个侧面途径是，查看发帖的 ID 发过的其他帖子，如果该 ID 是职业推手，则他必然用该 ID 页也发过其他的商业贴。例如下图的 ID，我们发现该 ID 是在百度问答中一个关于流感的问答里，该 ID 进行解答并且在解答中植入了 S 药的信息，通过检查该 ID，会发现他的所有帖子都跟流感有关，而且答案全部是有 S 药信息植入的信息。

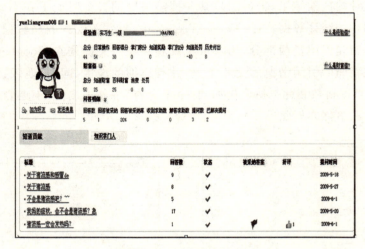

甄别推手——检查发帖员 ID

第五节 检查回帖

由于推手需要对舆论做维护，一个内容推出后，为了保持热度，他们会聘用回帖员顶帖，有时又要装作反方，对所推内容进行一番反驳，激化矛盾。这时，可以检查回帖者，首先看内容是否相同，其次看多个回帖的 IP 地址是否相同，回帖的内容是否相同。

例如"封杀王老吉"一例汇总，当该帖在天涯发出后，3 个小时内百度贴吧关于王老吉的发帖超过 14 万个。天涯虚拟社区、奇虎、百度贴吧等论坛都有发帖。5,367 个回复中，有大量顶帖和发帖是由推手组织的，但是根据行业人士透露，有

大量发帖 IP 是 5 月 18 日才注册的,而且有大量顶帖 IP 相同,据此可以看出端倪。由此制造气氛,煽动网民。更重要的是,通过这些大量跟帖,掌握着网络的舆论导向和延续影响。

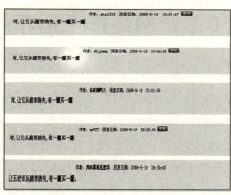

甄别推手——检查回帖 1

甄别推手——检查回帖 2

第七章　关于监管网络推手运作的若干建议

从维护中国 3 亿网民的利益，保障中国互联网公共空间传媒生态，维护社会和谐稳定的角度出发，我们认为对于网络推手运作要从两个方面加以监督和限制。一方面是对网民加强教育，提高识别推手运作的能力；特别是要对有影响力的主流媒体的从业人员增强对网络推手运作的监察教育，提高他们对网络推手活动的警惕和辨别能力。另一方面，国家相关机构必须对网络推手运作加以法律规范和监管。我们必须清醒地认识到，网络推手运作其实是一种基于新社交媒体而发展的新的传播营销模式——病毒营销在中国的特殊发展形势。① 这种营销形式将会随着社交媒介在全社会的日益渗透而愈加显示其影响力。如果说电视媒体带来了电视广告这种最主流的营销传播模式的话，病毒营销（网络推手运作）将会是新社交媒体上最有影响潜力商业信息传播模式。因此国家必须及时应对，制定相关法规，将网络推手运作纳入正常的、合法的、有序的经济运作轨道。在本章中，我们首先定义病毒传播的性质，其次我们概述了与病毒营销有关的三大法律法规范畴：公共传播媒体的道德与法规、商业信息（广告）内容与发布的道德与法规和人际交流的道德与规范。随后，我们介绍了美国在监管病毒营销方面的最新规则。在最后一节，我们提出了一些关于监管网络推手运作的建议。

第一节　病毒营销的传播性质

病毒营销是一种新型的商业信息传播模式，它涉及在两个领域里的信息传播：一是面向公众的商业信息传播；二是人际交往中的商业信息传播。

---

① 关于病毒营销的发展历史、理念、实践经验、运作模式、成功案例等，请参阅本书《外一篇·口碑营销》和《外二篇·病毒营销》。

一、新型的商业信息公共传播

作为口碑营销在互联网时代的新模式,病毒营销随着一系列新的社交媒介的日益发展而显示出越来越强大的影响力。如果说电视广告是电视机时代最重要的商业信息推销平台的话,病毒营销将会成为互联网时代最具潜力的商业推广模式。我们的前述研究表明,在中国社会中,病毒营销的最显著的方式是网络推手运作。换句话说,网络推手运作是病毒营销的中国特色模式。这种运作不单有理论基础同操作实践,而且已经形成有上游、下游以及庞大的从业人员队伍的成熟的产业链。这是在新社交媒体生态中,一种新型的商业信息生产、传播、操纵与控制的模式,一种同公共传播系统上的广告营销类似的面向公众的商业信息传播与推广活动。

然而病毒营销同我们所熟识的大众传媒上的广告传播仍有所不同,其特征在以下几个方面:

(一)传者基本上是以个人名义提供信息。在传统的广告传播中,传者通常是机构(企业单位、媒体单位等),而在病毒营销的信息传播中,传者是以个人的身份提供信息的,这个个人可以是网名、QQ 名或博客主;

(二)信息的内容是刻意制作的含有病毒的信息,其目的不仅是从传者到受众的第一代传递,而且更多的是为了传染受众,使他们自动或被动地成为第二代、第三代,甚至是 N 代的传播者;

(三)传播的模式基于人际交流社会网络的信息传播,这已经不单是一对多、点到面、无针对性的简单大众传播形式,而是一种延循人际交流网络由点到面、有针对性并以几何级数扩散的病毒式传播模式;

(四)受众不是一般意义上的无分别、不相识的观众,而是与传者有着某种强弱人际联系的个体,如家人、朋友、同事、网友等;

(五)媒介技术平台不同于新媒体社交网络。病毒传播所依赖的是互联网、无线通讯、手机等新兴的社交媒体聚合:论坛、博客、微博、QQ 群、人人网、优酷网等。这是一种全新的媒介形式,提供全方位、多层次(音、视、影、文)、实时与历时共存的互动交流。

二、病毒传播是发布广告吗

在中国,广告的定义是:

"广告是通过一定媒介向社会公众介绍商品和服务或者发布其他信息的

一种信息传播活动。在中国《广告法》所调整的广告，是指商品经营者或者服务提供者承担费用，通过一定媒介和形式直接或者间接地介绍自己所推销的商品或者所提供的服务的商业广告。"①

本质上病毒营销是一种受利益驱动在公共媒体上散布商业信息的经济活动，应该认为是一种广告经营活动。然而它与我们所熟悉的大众媒体上的广告发布有很大的区别：

（一）广告的发布者主体是以个人身份出现的；

（二）商业信息内容与传统广告不同，不是一目了然的商品推销信息，里面的品牌信息很多时候是隐蔽的，在初期甚至是隐晦的，很容易与其他信息（新闻、资讯等）混淆；

（三）是依托社交网络，而不是传统四大媒体（电视、报纸、广播、杂志）来传递信息的。当某一病毒感染传播开来以后，许多商业信息的二代、三代甚至 N 代传递是无心的朋友之间的信息分享。

因此，病毒营销可以定义为广告经营活动的一种形式，是新社交媒体上商业信息发布与传播的一种独特的经营活动。

三、技术中介的口碑交流

病毒营销也与传统的口耳相传的交流有着本质的不同。正如我们前几章讲述的那样，口碑营销由来已久，但在病毒营销兴起之前，口碑营销始终是一种辅助型的营销模式，相对于大众媒体上的广告营销，它的运作方式复杂，成本很高，效果难以测量，很难成为主流的营销模式。然而数码世界的口碑营销——病毒营销就不一样了，它发迹于上个世纪 90 年代末期的互联网经济大潮，并随着 21 世纪初博客、社交网、微博等新型人际交流网络的兴起而逐渐成为一种时尚的营销模式。从 1996 年最早的"热邮"（Hotmail）邮件那个小小的传意病毒（"Get your private, free e-mail at http://www.hotmail.com"）开始，病毒营销的理念、手段、营运方式随着社交新媒体技术和服务的日新月异而逐步发展完善，日益展示出它强悍的传播能力与社会影响力。

新社交媒体吸引着越来越多的用户，目前占世界人口三分之二的人每周访问

---

① 魏永征：《中国新闻传播法纲要》，上海社会科学出版社，1999 年，第 411 页。

社交媒体或博客网站,[1]每月访问世界前 25 个社交网络的人数达到 2.2 亿,[2]有大约 89％的人经常在社交网络中转发新闻或其他信息。[3] 据 CNNIC 测算,至 2009 年底,中国社交网站规模达到千余家,网民人数 1.24 亿,年龄为 20～29 岁的用户占到整体人数的 52.6％,其中大专以上的中高学历人群为社交网站的主体人群。[4] 新兴媒介在社会中的大面积覆盖为病毒营销的突飞猛进提供了最适合的土壤。

虽然病毒营销与口碑营销的传播模式类似,都是在人际网络中有针对性的交流与推销,但是病毒营销与传统的口碑交流有显著的不同——它不是面对面的交流,而是通过媒介技术的交流(Mediated Communication)。这种技术中介的人际传播随着当代人际传播媒介技术五彩缤纷般的推陈出新,变得越来越等同于面对面的交流,甚至比面对面的交流更具魅力,也因此更加具有虚拟性。

病毒营销依托的是技术中介的人际交流。与面对面的口碑交流相比,它有如下特征:

(一)交流者身份的模糊性:因为是通过媒介技术来交流的,增加了交流者之间相互掩盖自身身份的可能性。特别是互联网等社交媒介流行的匿名性,使交流者的身份呈不确定性。

(二)信息的可疑性:在面对面的交流中,信息的传递是在同一时间与空间点进行的,信息与传者关系确定,容易判断信息的真实性。而在技术中介的交流中,信息同传播者在时间与空间上被剥离出来了,信息同它的传者联系不确定,增加了判断信息的真实性的困难。

(三)交流的时空范围急剧增大:面对面的口碑交流受时间与空间的局限,传播速度慢,范围小。而在互联网移动无线通讯时代,人际间的交流已然冲破过去的时空限制,一个数码"口碑"可以在瞬息之间传至成千上万个 QQ 群,再通过第

---

① 《社交网络的新全球轨迹》(Social Networking's New Global Footprint),尼尔森(Nielsen)数据,2009 年 3 月 9 日,http://blog.nielsen.com/nielsenwire/global/social-networking-new-global-footprint/.

② Michael Arrington:《Facebook 全球规模已是 MySpace 的两倍》(Facebook Now Nearly Twice The Size Of MySpace Worldwide),Tech Crunch 网站,2009 年 1 月 22 日,http://techcrunch.com/2009/01/22/facebook-now-nearly-twice-the-size-of-myspace-worldwide/.

③ Stan Schroeder:《社交网站是我们获得新闻的主要来源》(Social Networks Play a Major Part in How We Get News),Mashable 网站,2010 年 3 月 1 日,http://mashable.com/2010/03/01/social-networks-source-news/.

④ 《2009 中国网民社交网络应用研究报告》,中国互联网络信息中心,2009 年。

二代、第三代传播急速地扩散到海内外无数个论坛和虚拟人际圈里。

（四）小圈子的人际交流与大范围的公共传播相融合：新社交媒体技术不仅是小范围的人际交流媒介，也是一个公共传播平台。它既是群组讨论交流的地方，在很多情况下又是面向公众的媒介。特别是当社交媒介通过大众传播主流媒体充当放大器时，这种技术中介的人际交流就有着与大众传播类似的公共传播影响力。

四、病毒营销与人际信息分享的区别在哪里

如何界定病毒营销与朋友间的信息分享是定义病毒传播的关键。病毒营销与人际信息交流有相同的地方，他们都是以个人身份在社交网络上发布传递信息。但二者之间有着根本的差别，这就是发送者在信息传播中是否有直接物质收益的问题。

在"口碑营销"与"病毒营销"的章节中，我们已经谈到人是社交动物，信息传播与分享是人的一种本能需求。人们传递信息受多种驱动：

（一）亲情关怀：与家人朋友分享有用、有趣的信息；

（二）社交需求：建立人脉关系，获得群组认同；

（三）精神需求：希望受到尊重，成为先知的荣誉感；

（四）实用需要：通过信息交换，解决实际问题；

（五）利益驱动：通过信息传播得到经济利益。

病毒传播与人际间通常的信息分享有着本质的不同。

首先是动机不一样。病毒传播不是单纯地为社交目的而进行的信息交流，而是掺杂了物质利益因素在里边。传者的信息传播可以得到直接的利益报酬（工资、佣金、赠品、折扣、礼券等）。也就是说，传者的传播行动已经有了经济利益的驱动，因此可以被认为是以个体身份进行的商业信息发布的经济活动。

其次是内容不一样。病毒营销的内容是专业人员专门打造的具有传染性的信息，是以影响他人，并刺激他人再传递为目标的精心策划制作的内容。这些信息都不是发自内心、发自本能的传播冲动，而是针对目标群组心理，仔细研制、精致包装的内容。其目标就是要影响受众，并最好能够使他们成为接力传播者。而普通人际交流的信息相对简单，通常是一些个人经历经验的分享，是表达个人意见、抒发感情、交流信息。这种交流并不以期望受者进行再传递为目标。

第三是传递的方式不一样。与普通人际传播简单、冲动、无规律、无计划的信息分享不同，病毒营销是有组织、有设计、有营运规划的经济活动。特别是在中国的网络推手运作中，已经成为大规模的病毒制作、投放、传播、再传播的生产行业。

每次运作都是依据一整套有理论基础、有科学依据、有实践经验的营销方案。在病毒投放、传播执行和病毒维护等诸多方面都是有分工、有协调、有问责的流水线般现代经济作业方式。那些以个人身份出现的"推手"，就像工厂里流水线上的工人一样，不过是这个产业链上的一个最基层的分工。在这样的信息生产流水线上，他们其实只是以"个性化"的面目出现在网络上，本质上，他们是无差别的"病毒信息"投放者。

最后是影响力不一样。以个体为单位自发、冲动、无规律的人际信息分享很难产生大规模扩散传播的轰动效应。而病毒传播不一样，如果资金充裕、策略正确、组织完善，它可以轻而易举地在短时间内大面积投放创意病毒，并刺激它连续传染散播，迅速带来几何级数般的病毒性扩散。特别是当它在网络上形成一定规模，引起主流媒体的注意，并经由主流媒体放大器进一步传播的话，就会在社会上产生很大的影响。

鉴于以上对病毒营销的性质的定义，以及它在新社交媒体日益普及社会中巨大的影响潜力，我们认为对这种新型的商业信息传播模式加以法律规范与监管势在必行。

第二节　现代社会公共传播的基本原则与规范

病毒营销的监管困境在于它的模糊地位，传统的有关公共传播、公共媒体上的商业信息传播的固定范畴很难套用在病毒营销的领域。它既是界于大众传播与人际传播之间的一种信息传递活动；又是界于商业机构与个人行为之间的一种经济活动。它以一种个人信息分享的表面形式来掩盖其幕后的有组织、有规模的商业营运活动，从而不能使我们用现行的法律概念来定位其行为，并规范其活动。在公共媒体上的信息有两大类：一类是新闻，是尽可能客观真实的信息，另一类是广告、观点评论、文学等，是主观的信息。新闻信息应该是公益性的，是严禁用金钱交换的。而广告是公开的"有偿信息"。现代社会公共传播法规对这两大类信息都有严格的定义与法律规范。病毒营销传播所涉及的传播道德与法律规范可以说有三大基本范畴：公共传播媒体的道德与法规、商业信息（广告）内容与发布的道德与法规、人际交流的道德与规范。

一、公共传播媒体的道德与法规

现代社会对大众媒体有一系列道德要求及法律规范。虽然不同的社会制度对大众媒体有不同的定位，但有一点是相同的，即都强调主流媒体的公共社会"责任"，重点保证新闻信息的真实性、公正性、客观性、公益性。大众媒体上发布的有偿商业信息（广告）必须同社会公益性质的新闻信息严格地区分开来。新闻从业人员绝对不能从事"有偿新闻"活动。

中国实行的是国家控制的大众传媒制度。中国的新闻法律法规对四大主流传媒（电视、报纸、广播、杂志）的管理是相当严格的。对重要新闻单位的定位是"党和国家的宣传机构"，对新闻内容的管理原则是"以正面报道为主"（1984）、"以社会效益为最高准则"（1990）①。虽然到目前为止，中国还没有一部专门的《新闻法》，但中国的新闻法制涵盖六个层次，是指规范新闻传播活动所有法律条文及法规、规章的总和。②

（一）宪法

《宪法》第二十二条规定了中国新闻事业的性质、任务和作用；第三十五条规定了中华人民共和国公民有言论、出版、集会、结社、游行、示威的自由；第四十一条规定公民有提出批评和建议的权利；第四十七条规定公民有进行科学研究、文学艺术创作和其他文化活动的自由。另外，《宪法》第三十八条禁止用任何方式对公民进行侮辱、诽谤和诬告陷害；第五十三条有公民必须保守国家秘密的规定。

（二）法律

中国现行法制中三组最重要的基本法律：《刑法》（1979 年通过，1997 年修订）和《刑事诉讼法》（1979 通过，1996 年修正）、《民法通则》（1986 年）和《民事诉讼法》（1991 年）、《行政诉讼法》（1989 年）和《行政处罚法》（1996 年），都同新闻活动都有十分密切的关系。如《刑法》规定，"严禁用任何方法、手段诬告陷害干部群众"，禁止"公然侮辱他人或者捏造事实诽谤他人"。《民法通则》规定："公民、法人享有名誉权，公民的人格尊严受法律保护，禁止用侮辱、诽谤等方式损害公民、法人的名誉"。

其他的一些法律也同新闻活动有若干关联，如《统计法》（1983 年通过，1996 年修改）、《治安管理处罚条例》（1986 年通过，1994 年修改）、《保守国家秘密法》（1988 年）、《未成年人保护法》（1991 年）、《妇女权益保护法》（1992 年）、《国家安全法》（1993 年）、《反不正当竞争法》（1993 年）、《消费者权益保护法》（1993 年）、《公司法》（1994 年）、《广告法》（1994 年）、《价格法》（1997 年）、《防震减灾法》（1997

---

① 孙旭培：《中国新闻法制的六个层次》，中国传媒网，2005 年 11 月 28 日，http://academic. mediachina. net/article. php? id＝4037.

② 同上。

年)、《证券法》(1998年)、《合同法》(1999年)、《预防未成年人犯罪法》(1999年)等。

（三）行政法规

行政法规是国务院根据宪法和法律制定的国家行政工作各种规范性文件的总称。这其中包括《关于严禁淫秽物品的规定》(1985年)、《关于严厉打击非法出版物的通知》(1987年)、《卫星电视广播地面接收设施管理规定》(1994)。特别是一些管理大众传播媒介的行政法规，如《音像制品管理条例》(1994年)、《电影管理条例》(1996年)、《出版管理条例》(1997年)、《印刷业管理条例》(1997年)、《广播电视管理条例》(1997年)等。

（四）行政规章

行政规章是国务院所属部委，根据法律和国务院的行政法规等在本部委的权限内所制定的规定、实施细则等规范性文件。主要是广播电影电视部和新闻出版署有关报刊、广播、电视的专门规章。这类规章包括：

1. 有关新闻媒介管理的规章：如新闻出版署的《期刊管理暂行规定》(1988年)、《报纸管理暂行规定》(1990年)、《关于广播电台电视台设立审批管理办法》(1996年)等；

2. 有关打击非法出版物的规章：如《关于严禁淫秽物品的规定》、《关于严厉打击非法出版活动的通知》、《关于认定淫秽及色情出版物的暂行规定》(1988年)、《关于部分应取缔出版物认定标准的暂行规定》(1989年)、《关于鉴定淫秽录像带、淫秽图片有关问题的通知》(1993年)等；

3. 关于"保密法"的规章：如《新闻出版保密规定》(1992年)；

4. 有关新闻单位经济活动的管理规章：如《关于报社、期刊社、出版社开展有偿服务和经营活动的暂行办法》(1988年)；

5. 有关新闻队伍建设的规章：如《关于加强新闻队伍职业道德建设，禁止"有偿新闻"的通知》(1993年)；《关于禁止有偿新闻的若干规定》(1997年)。

（五）地方性行政法规

地方性法规是由各省、自治区、直辖市等地方立法机构所制定的规范性文件。如《河北省新闻工作管理条例》(1996年)；《上海市图书报刊管理条例》(1989年制定、1997年修改)、《北京市图书报刊音像市场管理条例》(1990年)等。

（六）执政党的方针政策

这是由中共中央或者中共中央宣传部制定的政策性文件，中共中央宣传部

《关于新闻报道工作的几点规定》(1988)等。

保证新闻的真实性、客观性、公正性与社会公益性是新闻法规的一个重要内容。在这方面最主要有两个原则，一是严格区分大众媒体上的新闻与有偿的商业信息(广告)，二是严禁新闻单位与新闻工作者从事"有偿新闻"。

中国《广告法》就明确规定广告必须与新闻严格区分开来，不允许有丝毫混淆。广告与新闻的不同，有学者做过如下表述：

> 广告和新闻的区分是显而易见的。新闻的立足点是社会公共利益和需求，广告的立足点是广告主自身利益和需求；新闻必须客观公正，广告则是自我表现宣传；新闻取舍处理取决于新闻事实本身固有的新闻价值，广告只要广告主付费即可发布(违反法律的除外)；新闻以满足人们多层次、多方面的信息需要为目的，广告以实现广告主推销自己产品或服务的需要为目的；新闻是从客观的新闻事实产生的，广告是按广告主的主观意图制作的；新闻是公益行为，广告是市场行为；等等。把广告混同于新闻，发布"广告新闻"，在受众看来，似乎是新闻，但其内容和价值取向，则是广告，实质上是把广告主的自我需求、自我宣传冒充为具有普遍新闻价值的信息，把市场行为冒充为公益行为，把广告主个体的局部利益冒充为社会公共利益，是对受众的误导与欺骗。而新闻单位如果把新闻报道活动与广告活动混同起来，对新闻报道的取舍不是以新闻价值为标准而是像登广告那样以收费多少为标准，钱多多登，钱少少登，无钱不登，新闻就不成其为新闻。它势必声誉扫地。①

为在源头上杜绝新闻媒体与新闻工作者利用手中的报道权、发稿权从事"有偿新闻"，国家有关部门也三令五申连续出台行政规章禁止"有偿新闻"，如 1993年中共中央宣传部与新闻出版署联合发布《关于加强新闻队伍职业道德建设，禁止"有偿新闻"的通知》，1997 年，中宣部、广电部、新闻出版署等发布的《关于禁止有偿新闻的若干规定》等。"有偿新闻"是一种通过货币交换而以"新闻"面貌出现的宣传广告信息。是"新闻"报道相对人与新闻媒介和记者之间的利益交换，前者支付给后者货币来换取"被报道"的"新闻版面"或"新闻时间"。这是一种变相的广告和自我宣传。在中国，"有偿新闻"从形式到实质都是非法的。是记者、编辑和新闻媒介利用手中的新闻权力来寻租，他们出卖的形式上是版面和镜头时间，实质上是新闻的真实性、公正性与客观性，以及新闻事业与新闻工作者队伍的声

---

① 魏永征，《中国新闻传播法纲要》，上海社会科学院出版社，1999 年，第 439 页。

誉。1997 年发布的《关于禁止有偿新闻的若干规定》共有以下 10 条内容：①

1. 新闻单位采集、编辑、发表新闻,不得以任何形式收取费用。新闻工作者不得以任何名义向采访报道对象索要钱物,不得接受采访报道对象以任何名义提供的钱物、有价证券、信用卡等。

2. 新闻工作者不得以任何名义向采访报道对象借用、试用车辆、住房、家用电器、通讯工具等物品。

3. 新闻工作者参加新闻发布会和企业开业、产品上市以及其他庆典活动,不得索取和接受各种形式的礼金。

4. 新闻单位在职记者、编辑不得在其他企事业单位兼职以获取报酬;未经本单位领导批准,不得受聘担任其他新闻单位的兼职记者、特约记者或特约撰稿人。

5. 新闻工作者个人不得擅自组团进行采访报道活动。

6. 新闻工作者在采访活动中不得提出工作以外个人生活方面的特殊要求,严禁讲排场、比阔气、挥霍公款。

7. 新闻工作者不得利用职务之便要求他人为自己办私事,严禁采取"公开曝光"、"编发内参"等方式要挟他人以达到个人目的。

8. 新闻报道与广告必须严格区别,新闻报道不得收取任何费用,不得以新闻报道形式为企业或产品做广告。凡收取费用的专版、专刊、专页、专栏、节目等,均属广告,必须有广告标识,与其他非广告信息相区别。

9. 新闻报道与赞助必须严格区分,不得利用采访和发表新闻报道拉赞助。新闻单位必须把各种形式的赞助费、或因举办"征文"、"竞赛"、"专题节目"等得到的"协办经费",纳入本单位财务统一管理,合理使用,定期审计。在得到赞助或协办的栏目、节目中,只可刊播赞助或协办单位的名称,不得以文字、语言、图像等形式宣传赞助或协办单位的形象和产品。

10. 新闻报道与经营活动必须严格分开。新闻单位应由专职人员从事广告等经营业务,不得向编采部门下达经营创收任务。记者、编辑不得从事广告和其他经营活动。

该规定同时明确规定,对违规者没收其违规收入,并视情节轻重,给予批评教育、通报批评、党纪政纪处分,直至开除,触犯法律的要移送司法机关处理。对严重违反规定的单位,由广播电影电视部和新闻出版署给予行政处罚。

在 2009 年 11 月修订的《中国新闻工作者职业道德准则》中也重申了坚持新闻

---

① 百度百科 http://baike.baidu.com/view/2670118.htm。

真实性的原则。要把真实作为新闻的生命，报道做到真实、准确、全面、客观。同时规定报道新闻不夸大不缩小不歪曲事实，禁止虚构或制造新闻，刊播新闻报道要署作者的真名。准则要求坚决反对和抵制各种有偿新闻和有偿不闻行为，不利用职业之便谋取不正当利益，不利用新闻报道发泄私愤，不以任何名义索取、接受采访报道对象或利害关系人的财物或其他利益，不向采访报道对象提出工作以外的要求。还特别强调严格执行新闻报道与经营活动分开的规定，不以新闻报道形式做任何广告性质的宣传，编辑记者不得从事创收等经营性活动。①

综上所述，中国公共传播媒体上对新闻信息的传播是严格要求秉承真实、公正、客观与公共利益的原则的。在法律法规上对新闻信息与有偿商业信息（广告）是有严格的区分的，对新闻工作者也是有明确道德准与同职业规范的，他们必须以真实的身份报道新闻，不得利用职业之便为个人谋取利益，将有偿信息作为"新闻"报道。

二、商业信息（广告）内容与发布的道德与法规

广告是通过一定媒介向公众发布商品、服务或其他信息的一种信息传播活动。《中华人民共和国广告法》（1994 年）里所规范的广告，是指商品经营者或者服务提供者承担费用，通过一定媒介和形式直接或者间接地介绍自己所推销的商品或者所提供的服务的商业广告②。广告依不同的传播媒介形态可分为大众媒介广告与户外广告等。本文所关注的是大众媒介广告。

现代社会都对大众媒介的广告有非常严格的法律法规行业道德规范，包括对广告经营活动的规范，对内容的管理，对审查制度的规定，对违规的问责，以及对从业人员的职业道德要求等。其目的就是保证大众媒介上的广告信息的透明性、真实性、问责性以及符合社会公众利益。

中国是世界上少数几个专门设立"广告法"的国家之一。除了《广告法》之外，中国还有国务院颁布的《广告管理条例》（1987 年）、《广告管理条例实施细则》（2005 年修订）等近 500 件国家工商管理局及有关部门的各项行政规章及规定。广告活动作为一项民事活动、经营活动，还要遵守有关民事活动和商业经济活动的一般性法律法规，如民法、合同法、反不正当竞争法等。在广告传播涉及某些特定商品、服务时，还要遵守相关的专门法律、法规，例如《药品管理法》（1984 年）、《烟草专卖法》（1991 年）、《产品质量法》（1993 年）、《食品卫生法》（1995 年）、《化妆

---

① 中国记协网，http://news.xinhuanet.com/zgjx/2009-11/27/content_12550248.htm.

② 《中华人民共和国广告法》，http://www.gdgs.gov.cn/cyfg/GGf.htm.

品卫生监督条例》（行政法规,1990年）等。除此之外,广告语言文字还必须遵守《广告语言文字管理暂行规定》(1998年修订),以及其他有关的各种行政法规,如国家工商总局对某些特定产品的专门审查和管理的规章,国家有关新闻业的规章制度等。其他非商业性的广告也仍需要遵守《广告管理条例》等。①

  中国的广告监管条例规定了大众媒体从事广告活动的范围。《广告法》规定从事广告活动的三种身份——广告主、广告经营者与广告发布者。广告主,是指为推销商品或者提供服务,自行或者委托他人设计、制作、代理服务的法人、其他经济组织或者个人;广告经营者,是指受委托提供广告设计、制作、代理服务的法人、其他经济组织或者个人;广告发布者,是指为广告主或者广告主委托的广告经营者发布广告的法人或者其他经济组织。② 新闻媒介在广告活动中的地位主要是广告发布者,但它不能随便在自己的版面和节目里刊登广告。《广告法》同时规定"广播电台、电视台、报刊出版单位的广告业务,应当由其专门从事广告业务的机构办理,并依法办理兼营广告的登记"。③ 因此,媒介单位必须在当地工商管理部门办理登记手续,申请广告经营许可证以后,才能以有偿经营的形式发布广告。根据其他法律规则,新闻机构的广告业务只能由专门从事广告业务的部门和企业办理,编辑部、记者站、新闻编辑记者等一律不能从事广告业务。④

  《广告法》对广告内容的真实性与合法性有若干规定,如第三条"广告应当真实、合法、符合社会主义精神文明建设的要求",第四条"广告不得含有虚假的内容,不得欺骗和误导消费者",第五条"广告主、广告经营者、广告发布和从事广告活动,应当遵守法律、行政法规,遵循公平、诚实信用的原则"等。在广告与新闻的界线方面特别明确地规定:"广告应当具有可识别性,能够使消费者辨明其为广告。大众传播媒介不得以新闻报道形式发布广告。通过大众传播媒介发布的广告应当有广告标记,与其他非广告信息相区别,不得使消费者产生误解"⑤。在此之前的《广告管理条例》第九条也有类似规定:"新闻单位刊播广告,应当有明确的标志。新闻单位不得以新闻报道形式刊播广告,收取费用;新闻记者不得借采

---

  ① 魏永征:《新闻传播法教程》,中国人民大学出版社,2002年,第311页;魏永征:《中国新闻传播法纲要》,上海社会科学出版社,1999年;魏永征,张洪霞:《大众传播法学》,法律出版社,2007年。

  ② 《中华人民共和国广告法》,http://www.gdgs.gov.cn/cyfg/GGf.htm.

  ③ 同上。

  ④ 魏永征:《新闻传播法教程》,中国人民大学出版社,2002年,第312页。

  ⑤ 《中华人民共和国广告法》,http://www.gdgs.gov.cn/cyfg/GGf.htm.

访名义招揽广告"①。媒介单位禁止以任何新闻报道形式刊播或变相刊播广告的细则规定还有若干，其中包括：禁止以报纸形式印送广告宣传品；媒体上的人物专访、企业报道等不得含有地址、电话联系办法等广告内容；媒体在发布这类新闻时，不得同时在同一媒体发布相关商品、服务的广告；不得以普及科学知识、专家咨询等名义宣传、推销商品或服务；禁止以调查采访形式发布广告；禁止时政新闻节目以企业或产品冠名等。②

对广告的管理还包括广告审查制、违规问责制。监督管理机构是国家工商行政管理局和省、地、县三级政府工商行政管理部门。在大众媒介上发布药品、医疗器械、农药、兽药等商品的广告和其他法律法规规定应当送审的广告，必须在发布前由广告审查机关对内容进行审查；未经审查，不得发布。对违规的处罚包括停止广告发布、没收广告费用、罚款、停业等。构成犯罪的，依法追究刑事责任等。

与此同时，广告活动还受到行业协会自律规则的监管。中国广告业协会从1994年以来，先后颁布了《中国广告协会自律规则》、《广告宣传精神文明自律规则》、《广告行业公平竞争自律守则》、《城市公共交通广告发布规范（试行）》等自律性文件。还出台了《广告自律劝诫办法》等相关规范。2008年出台了最新的《中国广告行业自律规则》，为促进广告行业的自我约束、自我完善提供了更加规范化的行为准则。《自律规则》明确规定了广告主、广告经营者、广告发布者及其他参与广告活动的单位和个人的道德规范，应当诚实守信，增强自律意识，承担社会责任和社会义务；同时规定广告业行为要符合国家法律法规、职业道德和社会公德的要求。③ 在广告内容方面，《自律规则》第七条规定"禁止虚假和误导广告，也不应对商品或服务的属性作片面的宣传"；第十条规定广告对商品或者服务描述"应当准确、客观，且能够被科学的方法所证实，不得有任何夸大"；在与媒介关系上，规则强调"广告主和广告经营者不得以不正当的广告投放为手段干扰媒体节目、栏目等内容的安排"。

综上所述，中国在有偿信息公共传播法律法规的基本原则是明确性、真实性、与社会责任心。明确性是指严格区分新闻活动与广告活动的界限，严格区分新闻信息与广告信息的界限，严格区分新闻工作者与广告从业人员的工作职责等；真实性是指广告人必须诚实守信，广告信息必须真实；社会责任心是指广告活动与广告人要遵纪守法，承担社会责任。

---

① 《广告管理条例》，http://www.people.com.cn/item/flfgk/gwyfg/1987/112208198703.html.

② 魏永征、张洪霞：《大众传播法学》，法律出版社，2007年。

③ 《中国广告行业自律规则》，http://www.ad163.com/disktop/ggzl.php.

三、人际交流的道德与规范

人际交流的道德与规范基本是在社会道德层面的公认的行为准则,是社会精神文明中的一部分。在中国当代精神文明建设的一个重要文件是中共中央 2001 年 10 月 20 日印发的《公民道德建设实施纲要》。纲要的基本核心部分在 2006 年被总结成为"公民道德规范",被作为主流公认的公民行为准则。"公民道德规范"主要由基本道德规范、社会公德规范、职业道德规范、家庭美德规范构成。主要内容如下:

(一)公民道德基本规范:爱国守法,明礼诚信、团结友善、勤俭自强、敬业奉献。

(二)社会公德主要规范:文明礼貌、助人为乐、爱护公物、保护环境、遵纪守法。

(三)职业道德的主要规范:爱岗敬业、诚实守信、办事公道、服务群众、奉献社会。

(四)家庭美德的主要规范:尊老爱幼、男女平等、夫妻和睦、勤俭持家、邻里团结。①

在人际交流的范畴,明礼诚信、团结友善、文明礼貌、助人为乐、诚实守信、服务奉献都是社会公认与赞誉的人际交流道德规范。

四、社会公共信息传播的基本原则

正如我们在第三章中指出的那样,在以大众传播为主导的现代社会中,为了保障公众利益,社会公众信息传播有两大基石。其一是公众信息传播要遵循透明性、客观性、真实性、公共性的几大原则。互联网作为当今社会的主流公共媒介之一,其信息传播也必须遵守这样的原则。否则,互联网就会成为谣言的集散地,诽谤的角斗场,成为利益集团兴风作浪的平台。其二是明确界定规范大众媒体上传播公众信息与商业信息,公众信息被定义为新闻,而商业信息被定义为广告。这样的原则就是为了保证在大众媒体上传播的信息的真实性、可靠性,保证公众可以明确有效地识别出什么是新闻,什么是广告,什么是客观报道,什么是商业推广。在我们的社会中有明确的法律条文来维护与监管这两类不同信息的制作与传播。

---

① 《公民道德规范》,央视国际,2006 年 9 月 12 日,http://www.cctv.com/science/special/C16334/20060912/102371.

同样的原则也应该适用于对互联网上信息的监管。也就是说我们需要制定有效的法律监管，既保证互联网的公共领域性质，又给予商业运作合适的营运空间。既要保障公民的言论自由的空间与权利，又要将言论自由的使用与社会责任、公共道德、理性客观联系在一起。法律监管的核心就是将信息发布传播与其中的利益关系透明化。在这方面，欧盟、英国、美国近几年都出台了新的法律规则与指引。欧盟对口碑营销和病毒营销的法律监管主要是通过欧盟 2005 年 6 月 12 日生效的《不公平商业行为指令》(The Unfair Commercial Practices Directive)来实现的。这个指令是用于禁止对消费者不公平行为的新法律。这是目前世界上最严格的规范商业营销行为的规范性指令。2008 年 1 月已经在欧盟国家范围内开始采用这个指令。指令突显了商业信息透明性和可识别性原则，强调在营销传播中不允许有误导性遗漏，即经营者遗漏了消费者需要了解的实质性信息，隐瞒或者提供了不清楚、模糊的、复杂难懂的或者不及时的信息，没有明确说明在当时的背景下不是显而易见的商业目的。指令特别禁止专业营销者伪装成消费者。英国也于 2008 年 5 月 8 日通过《不公平贸易消费者保护法规》(The Consumer Protection from Unfair Trading Regulations 2008)，并于 2008 年 5 月 26 日开始执行。在这个新法律条例中，任何品牌商家在使用个人消费者为品牌做宣传时，如果不真实反映信息，就可能涉及刑事罪行。如果厂商在网络上有植入广告，但不披露，则有可能被起诉刑事犯罪。厂商如果触犯这个条例，将会被罚款，甚至入监。按这个法规规定，博客主如果是厂商的推销人，并在自己的博客上植入广告信息，但却是以消费者身份出现，没有披露他们与商家间的物质交换关系。这种行为将被视为犯罪，有可能面临刑事起诉。① 与这样严格的规定相比，美国新近出台的一个政策要相对温和。即使如此，美国的条例也可以提供一些借鉴。

第三节　美国关于消费品评论博客的新条例

美国联邦贸易委员会(FTC: Federal Trade Commission)2009 年 10 月 5 日出台了美国联邦贸易委员会新修订的《广告推荐与见证的使用指南》(FTC's Guides Concerning the Use of Endorsements and Testimonials in Advertising)，其中有部分涉及对消费品评论博客的监管。该条例已于 12 月 1 日生效。该委员会委员

---

① 有关欧盟同英国的新指令和新法规，详见本书《外三篇：西方主要国家对口碑营销和病毒营销的监管》。

以四票对零票，表决通过修订版，这是自 1980 年该指南制定以来首度更新。对博客规范的法理依据的一个关键点是：广告主（advertisers）与推荐者（endorsers）之间是否有物质关系（material connections），如果有物质利益关系的话，则必须将这种关系公开。也就是说博客主如果是以收取现金或其他酬劳来交换撰写产品评论文章，就被视同为产品宣传。因此博客主必须在其博客上披露他们与产品或服务业主（广告主）之间的联系。同样，按照贸易委员会的解释，名人在脱口秀或社交媒体推销某项产品时，也要公开他们与厂商是否有关系。但是，如果只是从促销活动中得到一包免费狗食，然后在博客上撰写试用心得，则不算违规。此项新条例也适用于推特（Twitter）、脸谱（Facebook）与其他新兴媒体的内容。①

该条例中重要的新规定有几点：

（一）消费品评论博客如果与广告主或广告代理有利益关系（收费或收取免费商品），必须在其博客上显示这种关系，违反者罚款 11,000 美元。

（二）推荐者（endorsers）对他/她支持的商品负责。

（三）广告主与推荐者对商品的评论负责。

依据新指南，若消费者因博客的不当产品评论而蒙受损失，博客主或厂商有可能需要承担赔偿责任。新指南并非正式的法律，而是希望厂商遵守的规范指南。

第四节　对网络推手运作的监管建议

基于信息发布和传播与其中的利益关系透明化的原则以及商业信息可识别原则，借鉴国外对营销传播的监管法规，以及考虑到我国网络营销的特殊国情，我们对网络推手运作的监管有如下若干建议。首先，我们认为应该承认网络营销作为一个新兴产业的正当性，给它一定的生存与运作空间，其次，必须对它加以规范和监管，以保障互联网上信息传播的真实性、透明性、可问责性以及符合社会公众利益，最关键的是要明确网络上信息发布主体及其职责范围权限，并且将营销公司与网站、论坛与社交网络的利益关系透明化。

对网络营销公司进行监管：对网络营销公司实行准入制度，并对其运作方式进行规范监管，监管范围可以包括：

---

① 美国 FTC 提出规范：部落客发广告文不明说要罚，《中国时报》，2009 年 10 月 07 日。http://tw. news. yahoo. com/article/url/d/a/091007/4/1sh2w. html.

（一）对受雇发帖人每日人数的限制；

（二）对受雇发帖人每日使用网名数的限制；

（三）对受雇发帖人每日上帖网站数的限制；

（四）受雇发帖人对其发帖内容负责；

（五）其雇主对受雇发帖人其帖子内容负责；

（六）对违反规定的网络营销商实行处罚直至吊销其执照。对无执照而进行网络营销的商家进行处罚。

对网站、论坛或其他社交网络的监管：

（一）网站、论坛或其他社交网络如果与广告主或网络营销商有利益关系，必须在其网站上公开显示；

（二）对与广告主或网络营销商有秘密交易的网站、论坛或其他社交网络进行处罚。

对博客主或其他网上内容提供者（个人）的监管：

（一）博客主如与他/她支持的商品/服务等的广告主有利益关系，必须在其博客上显示；

（二）博客主对同他/她有利益关系的商品/服务负责；

（三）广告主与博客主对商品/服务的评论内容负责。

结 束 语

　　本书是第一本详细揭秘网络推手运作的调查研究。从 1987 年 9 月 20 日，一封题目为"越过长城，通向世界"的电子邮件的发出，互联网这个现代高新信息科技已经在中国扎根成长 23 年了。3 亿多中国人通过互联网进入了一个新的生存时代，电子邮件、BBS、3W、点康、网页、搜狐、百度、博客、QQ、网游、优酷、微博……数不清的新科技，五花八门，绚丽多彩、层出不穷。无数中国人"泡"在了网上，互联网给了他们机会，给了他们梦想，给了他们创造力，给了他们无限驰骋的疆场。网络推手从某种程度上讲，也是网民们极大创意的发明，它结合了互联网所带来的一切社会冲击波——资本狂飙、创业热潮、观念摩擦、营销革命、草根创意；它亦放大了互联网的虚幻性。网络是什么？数字化生存又做何解？

　　《红楼梦》中有这样一段描述：一日，炎夏永昼，士隐于书房闲坐，至手倦抛书，伏几少憩，不觉蒙眬睡去。梦至一处，不辨是何地方。忽见那厢来了一僧一道，且行且谈……

　　士隐接了看时，原来是块鲜明美玉，上面字迹分明，镌着"通灵宝玉"四字，后面还有几行小字。正欲细看时，那僧便说已到幻境，便强从手中夺了去，与道人竟过一大石牌坊，上书四个大字，乃是"太虚幻境"。两边又有一副对联，道是：

　　假作真时真亦假，无为有处有还无。

　　……

　　推手是谁？

外一篇

口碑营销

第一章　口碑营销：口碑的衍生工具

"口碑"是人类社会信息传播交流的基本模式：口口相传而形成声誉。它是商业社会的伴生品，无论是物物交换的原始时代，还是电子交易的网络时代，口碑都是一面旗帜，通过人际交流的网络，某种物品或品牌在消费者中间获得声誉，卖者竖旗，消费者认旗。

伊曼纽尔·罗森（Emanual Rosen）在他的《口碑行销》①一书中给出关于口碑的定义，他说："口碑是关于品牌的所有评述，是关于某个特定产品、服务或公司的所有的人们口头交流的总和。"

而世界营销之父菲利普·科特勒给口碑传播的定义是：口碑是由生产者以外的个人通过明示或暗示的方法，不经过第三方处理、加工，传递关于某一特定或某一种类的产品、品牌、厂商、销售者，以及能够使人联想到上述对象的任何组织或个人信息，从而导致受众获得信息、改变态度甚至影响购买行为的一种双向互动的传播行为。②

在信息膨胀、广告爆炸的 21 世纪，口碑这个古老的信息交流和品牌构建的形式忽然被挖掘出来，从一个群体的无意识自然行为，上升成为一个商业营销理念和范式，经过一系列解构与提炼，一个新型商业推广模式，口碑的衍生工具——口碑营销诞生了。

所谓口碑营销，即是通过各种方式，将某一特定商品信息加工处理，刺激和传播口碑，以扩大客户群，增加销售。

随着互联网上社交媒介的发展与泛滥，口碑营销被插上了高科技的翅膀，口口相传的交流在一个更大时空范围内演绎着瞬息万变的神奇故事——从青蛙到王子，从国王到乞丐，从默默无闻到家喻户晓，从媒体喧嚣到悄然退场……我们开始晕乎：口碑已不再单纯，被玩弄于股掌的口碑，究竟是越来越受尊重，还是越来越轻贱？毫无疑问的是，"口碑营销"越来越被"重视"。

---

① 伊曼纽尔·罗森（Emanuel Rosen）：《口碑行销——如何引爆口耳相传的神奇威力》（The Anatomy of Buzz），林德国 译，台湾源流出版事业股份有限公司，2001 年，第 44～47 页。

② 菲利普·科特勒：《营销管理》（第 10 版），清华大学出版社，2001 年。

第二章　催生口碑营销的温床

第一节　干扰式营销的衰退

一、"不要在广告里插播春晚"

2010年中国的除夕，尽管寒冷，但是中国上下喜气洋洋，诸多中国家庭欢聚一堂，收看中央电视台的春节联欢晚会。这一档节目每年只演一次，收视人群高达数亿。而绝大多数人都期待着赵本山的出场，这位大名鼎鼎的笑星每年都是春晚的压轴节目，他的小品总是能创造新年的流行词汇。

然而节目让人很不满意，因为出现了大量的广告。而赵本山的小品，竟然也出现了赤裸裸的植入式广告。"泸州老窖、中国人寿、搜狐"这些广告在一档小品节目里出现，引起观众极大的反感情绪。

笔者之一也同样气愤。她在一边看春晚一边逛"人人网"页面①，同时在"人人网"个人状态里同步直播对春晚每一个节目的评价。赵本山的小品刚结束，她的评价就出现在了"人人网"的页面上："本山的小品烂到极致，植入广告多到发指！"

很快，这个评论下出现了七八条留言，它们来自她在各地的同学们。"同感"，在百度工作的同学李说。"re楼上②，大失所望啊～"，清华同学忠元在回复，彼时他正在广东清远的家中。"很烂吗？我待会看看～"，回复这条的是在美国××州的同学卢，这些留学美国的中国学生们，往往看的是稍慢几分钟的网络直播——这一切意味着，不到10分钟，一条有关赵本山的消极口碑，就迅速传遍了全世界。

第二天，网民们就在互联网上为本次春晚做了评价：

---

①　"人人网"，中国内地较为流行的社交网站之一，类似于风靡欧美的"脸谱"（Facebook）。
②　楼上，是中国互联网词汇之一，网民们把一个接一个的回帖称作盖楼，发帖的称为楼主，第一个回帖的称作沙发，对上一个回帖者则称为"楼上"。

"请不要在广告里插播春晚。"——太贴切了。

一句讽刺的黑色幽默成了最受欢迎的评语。

这是一起典型的"干扰式营销"失败的案例。

所谓干扰式营销，指的是在大众媒体上的广告，这类广告具有强制灌输品牌的特点，干扰观众对自己喜爱信息的享受，而消费者处在被动接受的地位，因此常常带来消费者的反感和抵触。明显的植入广告尤其令人反感，电视节目间的广告还可以通过频道选择来逃避，植入广告则与内容捆绑在一起，不但避之不及，还会因为生插硬播影响节目的内容。

从 1955 年第一个电视节目广告①出现开始，干扰式营销广告成为一个主流的营销方式。到网络时代，干扰式广告的呈现形式之一为弹出式广告（pop-up），干扰式广告营销的一个基本模式是"品牌营销"，即在短时间内，将品牌（至少是品牌信息）告知消费者。从第一个广告开始到现在，世界广告进入大繁荣时代。

干扰式广告在中国大行其道，电视剧观众们在看到危急关头时，广告总是会突然出现，并且不告诉你下一个是不是还是广告。

对这种干扰式广告，观众的反应往往是自动离开，如果是弹出式广告，则迅速将窗口关闭。

有关广告营销的"干扰"效果也早已引起注意：

早就有人研究过广告时间点与抽水马桶用水量之间的关系，发现一到广告时间，小区的马桶用水量大增，因为大家都在这个时间选择离开电视屏幕而去上厕所。

连品牌信息都尚未传达到，何谈口碑的构筑呢？

二、品牌营销≠口碑营销

即使品牌信息传达到，即品牌营销成功，并不意味着口碑营销成功。

2008 年，恒源祥在电视上打出了一个 1 分钟的广告，广告内容为一机械声音叫喊"恒源祥羊羊羊，恒源祥鼠鼠鼠……"，将十二生肖喊了个遍，这一广告出来后立刻遭到非议，因为其实在是考验观众的耐力。因此，尽管"恒源祥"的品牌让人记住了，但是这一毫无美感和产品信息传递的广告，对其口碑的构筑利小弊大。

随着广告时代的发展，受众的媒介素养也越来越高。所谓媒介素养，即对媒介的使用能力、对媒介所传播的信息的辨识能力。因此，当干扰式营销生硬推广品牌而不兼顾口碑效果时，其带来的品牌效应也很容易带来反效果，变成品牌厌恶。

---

① Gibbs 牙膏广告，1955 年 9 月 22 日在英国的电视台上播放。

伊曼纽尔·罗森在他的书里提到"摩门塔（Momenta）"的故事[1]。这是一款90年代初生产的电脑，外观又炫又小巧，并且是全世界第一款手写电脑。无论是在大型电脑资讯展（Comdex），还是在《个人电脑》（PC Magzine）、位元（Byte）等杂志封面和广告页面上，都看得见摩门塔的身影。

因为公关活动的成功，摩门塔是当年8本杂志的封面。其中一个广告画面是"一名商人趴着使用摩门塔"。它的广告标题上写着："其他任何电脑切勿作此尝试"、"你可以在屏幕上书写，或者使用键盘"。

这些品牌营销，加上摩门塔充裕的资金和经营团队的精英，让人们对这一品牌印象深刻。洛福尔·尼德曼（Raphael Needleman）当时在《资讯世界》杂志（Infoworld）上写道，"听起来这是个很好的主意"。

然而从1989年到1992年，不过三年，摩门塔宣告破产，损失超过4000万美元。

压死这头骆驼的，是它的街头口碑。"技术并不如宣传说的那么天花乱坠"。摩门塔的手写识别系统不够好，电池的寿命不长等等，这些缺点都让人很失望。

摩门塔这么快的倒闭速度，也从侧面说明：

（1）它没有能够很好地操控它的产品预期（expectation management）；

（2）它没有能成功地让它的早期使用者替它传播口碑；

（3）雄厚的营销资金，并不是口碑营销成功的关键。

这个例子说明，没有口碑的品牌营销是不可能成功的，即使一时声名鹊起也最终流于失败。

第二节　体验式经验

一、大部分人都是风险厌恶者

假如你想学做菜，你挑了书店里书架上最显眼的那本书，结果发现编写得很不人性，你仍然不知道一份糖醋排骨要加的那一勺子糖该是多大一勺子。那算了吧，再买一本吧，虽然心里不乐意，你还是又掏了20元钱。

然而如果你是一位准妈妈呢？遇上一位毫无水平的妇产科医生，那风险该有多大？

---

[1]　伊曼纽尔·罗森（Emanuel Rosen）：《口碑行销——如何引爆口耳相传的神奇威力》（The Anatomy of Buzz），林德国 译，台湾源流出版事业股份有限公司，2001年，第20页。

2009年8月,中国山东的"济南妈妈网"自制了一份《济南市各主要医院妇产科医生红黑榜》,涉及8家医院的20位妇产科医生,几乎囊括济南市内所有拥有妇产科的大型综合或专科医院

每个上榜医生背后都有一位女士自述的看病经历,还有几十位准妈妈争相跟帖介绍自己的看病经历。

准妈妈们眼中,好医生比较温柔,可以详细地为她们解答很多看似"愚蠢"、却让她们很在意的问题。

妇产科医生红黑榜公布后,由于真实性高,不少准妈妈也开始根据红黑榜医生名单,宁肯排队,也要找红榜医生看病。

济南市民司女士说,刚开始,她到医院做检查,没有挑选医生,也曾遇到一些态度不好的医生。怕影响胎儿,她也不敢随便生气。不久前,她从济南妈妈网上看到了这个妇产科医生的红黑榜,就找那些红榜医生做检查。"结果发现,这些医生果然都像网友所说的那样不仅态度好,而且还不给随便开单子检查。"[1]

某一购买行为的风险越高,人们越要了解风险——即要了解负面信息。而广告告诉你的,总是好的一面。因此风险是重要权数,它影响对口碑的需求。

对于产品所附带的风险越高的销售商家,更应该考虑如何给消费者口碑,而非广告。比如价格较高的大件商品,比如事关人命的药品。

二、大部分人都是经验缺乏者

什么样的口碑是"可信赖"的?

> 愿意告诉你缺陷的
> 不求利益回报的
> 用事实说话的
> 传播者是可信赖的

大部分人都是"经验缺乏者",他们需要"事实性的消费经验"作为参考意见。例如,关于"相宜本草"的产品"四倍蚕丝爽肤水",你的"闺蜜"会先告诉你一句广告上说的话,"这个美白的效果确实不错",然后她会告诉你一句广告上不会告诉你的话:"不过美白的护肤品用多了会破坏皮肤胶质,会使皮肤变薄。"

这后半句话相宜本草的说明书上是铁定没有写,但是恰恰是这坦诚的后半

---

[1] 段德国:《妇产科医生红黑榜风靡妈妈圈 涉济8医院20医生》,济南时报,2009年8月17日。

句话,让你会毫不怀疑前半句"美白效果确实不错"的评价。

在这样的口碑下,你或许最后仍然会买这一款爽肤水,只不过是每次用量都减少了。

没有人会否认,世界上最诚实的说明书是"药品说明书",他们会告诉你"两周内情况没有改善,请就医",而面包的配料说明里则不会说"植脂末"是一种反式脂肪酸,吃多了会留在人体内不能消解。

三、大部分人都是效率追求者,偏好"个性化的服务"

大部分人还是"效率追求者",通过咨询经验能够避免试错,即使这试错的成本很小。所以大部分人也偏爱个性化的资讯,因为个性化的资讯,对个人的消费决策来说,更加有效。

个人化的信息需求有的是显性的,比如:

> 消费者想要买什么
> 消费者想要什么价位的

有的是隐形的,比如:

> 消费者更喜欢蓝色调的产品包装而不是红色调的
> 消费者不喜欢服务员太啰嗦

隐形的信息需求商家更难以在广告中提供,因为有时消费者自己都不会意识到,是什么原因使他们在购买商品的时候选择了 A 而不是 B。

而口碑能够改变这些。经验性的口碑内容往往是事实性的描述,各种细节可以被消费者一一检验:

> ——"你知道吗? ×××餐厅做印度抛饼的师傅特别帅。"
> ——"是吗,那下次我要去看看。"

当他们的头脑里冒出这个想法时,说明一场口碑传播已经成功完成。然而那家餐厅能想到是什么原因使他们多了一个顾客吗?

四、口碑聚合工具的流行

一个出国留学的学生,在申请前总要先打听打听各个学校的专业、师资、就业等情况;一个喜欢背包游的人在出发前,总要查查目的地的相关天气、住宿、经典路线等资料。信息是避开风险的方法。即使是可以承受的风险,人们也要尽量地去避免——连请朋友吃一顿饭都要先找找:哪儿的口味朋友可能会喜欢,同时哪儿便宜、距离近、又有优惠活动——从哪儿获取这些信息呢？——从有经验的人那儿,越多的人介绍自己的经验,分享自己的信息就越好。

于是,大量的"口碑聚合工具"诞生了。口碑聚合工具是为众多消费者提供表达分享自己消费经验和意见的平台。作为商家,不能不注重自己的口碑在这些口碑聚合工具上的反映。网站成为重要的口碑聚合工具,因为:

网站对人的点评内容没有限制。

网站的各种指标的对比,既智能又方便。比如你想选择价格从低到高排序,或者受欢迎程度的排名。

网站的更新快,信息量大,又可以随时查询、下载、储存。

这些口碑都是大众给的,值得信赖。

"大众点评网",这是最流行的餐饮中介网站,它不但囊括了你所在的城市、街区附近的所有餐馆,更重要的是,它专门聚合网民对这些餐厅的点评,点评内容包括:每家餐馆的特色菜的介绍、人均价格、就餐环境,适合"朋友聚餐、商务会餐还是同学聚会",是否有停车场等等。更重要的是,它的信息来自大众网民,较少来自于被雇佣或有利益关系的营销者。

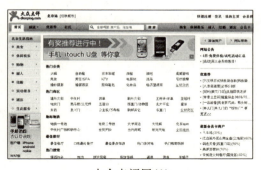

大众点评网(1)

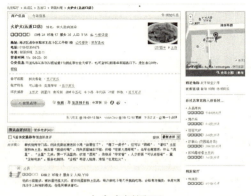

大众点评网(2)

外一篇

口碑营销

第三节　社交目的促使人们去传播

人们为什么会愿意去传播口碑呢，既然他们不求回报？——因为信息传播是人的天性，是人的社会性的要求。

一、散布资讯、分享资讯

佛蒙特大学（University of Vermont）的本德·亨利契博士（Bernd Heinrich）曾经做过一个关于乌鸦的实验。他和他的同事们很想知道乌鸦是怎么在缅因州寒冷的冬天里找到食物的。于是，他们把一头牛的尸体摆放在森林里的雪地上，他们则在附近观察等待。几天之后，第一只乌鸦出现在天空中，发现了这具尸体——这可够它吃一个冬天的。

然而这只乌鸦一口没吃就飞走了。几天后它回来了——这次带了更多的乌鸦。

这个实验重复了 25 次，每次结果都一样。

伊曼纽尔·罗森在他的书里对这一现象有个解释："在一个持续性的基础上，有更多觅食的眼睛，会增加所有鸟类有食可吃的可能性。"[①]这说明：散播讯息是动物的本能。几乎所有的社交网站都会提供这样的功能：允许用户修改签名档状态，让你的朋友随时知道你在干什么，你的心情想法等等。所有的人都喜欢被关注，这也是为什么 Twitter 等微博工具会兴起。年轻人平均每天通过手机发送 50～75 条短信，一个月平均能发 2000 条短信。[②]

在一个群体组织中规模化的信息分享，会促使福利最大化。这是人类社会性的基本需求。当一个人发现了物有所值的东西，就会在家人与亲朋好友中分享这一信息，又通过连锁反应，让更多的人获得了这个信息。结果是，口碑会推动大家去消费最物有所值的东西，然后促使商家间优胜劣汰。

二、口碑传播是管理人脉和建立关系的有效工具

物以类聚。人们通过交流，来识别对方是否和自己是同一类人。而口碑通常

---

① 伊曼纽尔·罗森（Emanuel Rosen）：《口碑行销——如何引爆口耳相传的神奇威力》（The Anatomy of Buzz），林德国 译，台湾源流出版事业股份有限公司，2001 年，第 42 页。
② 禹俊华：手机短信时尚对大学生精英文化的冲击，《教育教学研究》，2005 年，88～90 页。

是用来引起话题的工具,因为把一个产品加入到对话中是很容易的。

——"你听说《科幻世界》杂志社的编辑们写公开信反对他们的社长吗?"

——"是吗?我订过一年的《科幻世界》哎……"

——"啊,我也订过,超好看……"

豆瓣——人脉的秘密

"对多数人做选择最有效的帮助其实来自亲友和同事。随意的一两句推荐,不但传递了他们自己真实的感受,也包含了对你口味的判断和随之而行的筛选。他们不会向单身汉推荐《育儿大全》,也不会给老妈带回《赤裸特工》。遗憾的是,你我所有的亲友加起来,听过看过的仍然有限。而且,口味最类似的人却往往是陌路……"

……

"如果能不一一结交,却知道成千上万人的口味,能从中迅速找到最臭味相投的,口口相传的魔力一定能放大百倍,对其中每一个人都多少会有帮助。

"……豆瓣帮助你通过你喜爱的东西找到志同道合者,然后通过他们找到更多的好东西。"

以上这段话来自于豆瓣网(www.ccw.com.cn),创建于 2005 年 3 月,是中国最值得骄傲的网站之一,因为它的业务模式在世界上属首创。

豆瓣douban

豆瓣 logo

在豆瓣上,你可以自由发表有关书籍、电影、音乐的评论,可以搜索别人的推荐,所有的内容、分类、筛选、排序都由用户产生和决定,甚至在豆瓣主页出现的内容上也取决你的选择。

例如,网友们在豆瓣上给自己喜欢的书写书评、做推荐。——这是一个靠口碑而聚合的网站。

人们平常交流的内容无外乎几大类:描述事实,表达观点,征求意见,抒发感情等。人们在谈话中提到某产品,表达自己的看法,如此来给他人制造印象。

我们仍然用豆瓣来举例子。

豆瓣允许网友们创建各种自己关注的话题小组,例如"当时我就震惊了"小组:加入这个小组里的成员通常喜欢传播各种奇形怪状、道听途说的事,比如"可口可乐公司居然出唇膏了……"而他们的发帖内容总会加上一句"当时我就震惊了"。

豆瓣书评——《世界是平的》　　　　　　豆瓣小组——当时我就震惊了

　　甚至连 2010 上海世博会英国展团也在豆瓣上设置了自己的"世博会英国展馆"小组，作为宣传的平台之一，他们在上面发起各种各样的话题活动，以配合宣传英国展馆的各个小细节，比如"灵感来自英伦"的音乐插画动画设计活动，就是为了配合"创新"英国这样一个主题，而"给他一个表情"的图标（logo）设计活动，则是为了宣传英国展馆的"蒲公英形象"和图标。他们目前总共有67844 名豆瓣网友关注过他们的小组。

豆瓣小组——世博
会英国展团

　　2010 年 4 月 13 日，英国展团在豆瓣页面上发起"给它一个表情＞_＜"的图标设计创意大赛，请网友们给世博会英国馆的"蒲公英"图标设计表情，得到了广泛响应。

　　目前，通过这些共同话题，豆瓣上已经建立了 15 万个这样的小组。

三、获取群组认同

　　不同的群组，有不同的特色；每个群组都是靠某些共同的东西来维系的。比如某种话语体系，某种特殊的行为习惯，共同的理念，共同的身份背景等。归属于一个群组，一定要承担这些共同的东西。反之,想要和一个群组划清界限,一定要让自己远离这些特色。

由此,当一种产品想要在一个群组之间传播自己的口碑时,最有效的方法,就是让它的口碑成为这一群体主流共同认可的口碑。

Gmail 的口碑传播

Gmail 2003 年才开始兴起,彼时免费邮箱已经全球普及,想要取得 hotmail 那样的成功已经不是一件轻松的事。

然而 Gmail 迅速在大学生和白领中风靡。相比于其他的邮箱,这个邮箱有一个功能,能把同一个邮件标题下的回信归入一个对话体系里,这让你能一次性看到不同的人对同一封邮件的回信,而如果是其他的邮箱的话,则会显示你有许多新的来信,你需要一封一封地点击,才能看到不同的人对同一封邮件的回复。

某个大学班级同学不管是春游,还是开会,都是通过群邮通知。使用 Gmail 的同学就顺便在这些班级通知下面聊聊最近的话题,Gmail 几乎成了这个班级群聊工具。

当使用其他邮箱的同学抱怨,自己的邮箱被大家的热火朝天的回复邮件挤爆时,使用 Gmail 的同学就会说:"没想到现在还有不用 Gmail 的,我给你发个 Gmail 使用邀请吧。"

就这样,为了获得班级认同,顺利地参与到群组活动中来,一个学期后,这个班成了全 Gmail 班。

在这个例子中,对这班同学来说,Gmail 已经成了一个身份的象征,班上的 Gmail 试用者们在群聊的过程中,已经传递出这样一个口碑信息:不使用 Gmail 的人,会被排斥在集体之外。

四、成为信息先知的虚荣感

人们喜欢被倾听和关注,这是个人中心主义决定的。因此人们也致力于成为信息先知。每一个群组里都有这样的人,当他们率先使用某种产品后,总是会喜欢告诉别人,这个产品的好或者不好。在罗杰斯的新技术扩散模型里,他们被定义为早期采用者,并且由他们带动一大批试用者。

除非是隐私性特别强的产品或服务,例如心理服务、性服务等产品,大部分人都乐意去分享口碑。因此,口碑也具有产业特性。

第四节　资讯超载

"在这个百家争鸣的世界里,最珍贵的商品就是'消费者注意力',而且已经越来越难操控了。"

——Seth Godin《行销不过是个喷嚏》（Unleashing the Ideavirus）

确实，这是一个被过度推销的时代，"酒香不怕巷子深"的年代早已过去。为什么微软视窗要每隔一段时间推出新的产品，并且要面目一新？因为受众没有耐心将注意力持续。许多品牌过一段时间总会消失，并不是市场消失了，而是竞争者比以前多了许多。

在香港的大学里，学校的各个餐厅每年暑假的时候，都会要搞一次大装修。新学年开始时，餐厅装潢设计、橱窗桌椅就完全是另外一副新面貌。现今的时代有太多太多的商品资讯，如果不通过各种营销的手段来刺激口碑的传播，消费者的眼球早已转到另一边去了。

伊曼纽尔在一次展销会上推销他们的文献注释管理工具 endnote。一个年轻人走到他们的展位前，问他们，什么时候能够有新产品？伊曼纽尔说还没有生产出来，话音未落，这位年轻人就已经转身离去，嘟囔着"还没有出来就在这儿展览"。其实 4 个月后，那款产品已经在大卖特卖了。然而，伊曼纽尔在当时确实是输掉了那个年轻人的注意力。

第五节　顾客的怀疑主义

因为广告永远报喜不报忧，顾客向来对广告都是持怀疑态度的，"这东西一定有什么缺点"。在这种态度下，当商品真的出现缺陷传闻、印证了顾客的负面假设后，他们反而更愿意传播负面的信息："他们真的会这样做！"

所以，负面的信息总是传播得更快。

2009 年 11 月 24 日，海口市工商行政管理局发布消费警示不合格名单，知名矿泉水品牌"农夫山泉"赫然出现在名单中，农夫山泉部分果汁产品以及统一蜜桃多本周被检出含有有毒元素砷，也就是俗话说的"砒霜"。

这一爆炸性新闻通过《南方日报》报道后，迅速地在媒体上被传播。网民甚至将其原来的广告词"农夫山泉有点甜"改成了"农夫山泉有点毒"。

新浪网曾对近 20 万网民的调查显示，有 57.5％的人认为农夫山泉的饮料不安全，73.7％的人表示不会购买农夫山泉的饮料。

环球网在"哪个饮料品牌最值得信任"调查中，对农夫山泉依旧信任的不足 5％，许多人对农夫山泉的信任跌到谷底，农夫山泉成为排名垫底的最不受信任品牌之一。

一个星期后，消息传出，海口工商局在检验产品时出现了失误，"农夫山泉"的砷元素并没有超标。

然而,"农夫山泉"预计此事对自己的损失超过 10 亿。

"问题饮料"事件发生时,农夫山泉正在全国近 3000 家超市和卖场推广"农夫果园"和水溶 C100 两款饮料。据公司最新统计,两款产品销量比事发前平均下降 50％。

"据统计,相比活动开始的第一周,农夫果园和水溶 C100 的销售额分别下降了 46％和 53％。"农夫山泉高层表示,"公司为这次活动投入的包括促销员聘请等费用都无法收回。"

即使在国内没有推广活动的超市,这两款产品的销售也遭受重大损失。在农夫山泉列出的一份从 11 月 28 日到 12 月 4 日全国主要市场两款产品销量降幅表格显示:大型超市中两款饮料销量合计较上一周下降 52％;便利店中的降幅则从 31％到 65％不等。

在距离海南省不远的广州市,当地"好又多"超市中两款产品的销量分别下降 73％和 91％,而"易初莲花"销量下降 65％和 88％。[①]

一般人们更愿意谈负面的消费经验,作为对商家的报复。美国弗吉尼亚州的技术援助研究项目(Technical Assistance Research Program,TARP)在 70 年代末期专门研究过"负面口碑"的扩散问题。他们在可口可乐公司测量口耳相传的影响力。一段时间内,可口可乐收到 1,700 件顾客投诉的信件,该研究发现,在可口可乐的调查以及消费者研究报告中,满意可口可乐处理他们抱怨方式的消费者,会告诉 4～5 人,然而那些觉得他们的抱怨没有得到满意解决的,会告诉 9～10 人。[②]

	农夫果园降幅	水溶C100降幅	合计降幅
大型超市、卖场			
华联	-52%	-52%	-52%
农工商	-48%	-55%	-50%
欧亚	-37%	-42%	-40%
欧尚	-31%	-27%	-30%
华润	-22%	-27%	-23%
家乐福	-17%	-27%	-19%
便利店			
可的	-39%	-30%	-31%
好德	-26%	-36%	-35%
7-11便利	-20%	-51%	-44%
迪亚天天	-3%	-71%	-65%

农夫山泉"砒霜门"事件
后销量下降

---

① 李亚彪,傅丕毅:《"问题饮料"事件重创中国饮料行业巨头农夫山泉》,新华网,2009 年 12 月 8 日。

② 伊曼纽尔·罗森(Emanuel Rosen):《口碑行销——如何引爆口耳相传的神奇威力》(The Anatomy of Buzz),林德国 译,台湾源流出版事业股份有限公司,2001 年,第 53 页。

第三章　口碑传播的条件

口碑为什么有这么强悍的传播能力？除了以上所述，还有隐形的人际网络带给口碑的助推力。口碑营销如何利用网络、创造网络、刺激网络来制造和传播口碑呢？

第一节　意见领袖：人际网络中存在网络中枢

"意见领袖"一词最早出现于20世纪40年代，是由美国著名传播学先驱拉扎斯菲尔德在他的著作《人民的选择》中最先提出的。当时"魔弹论"还非常盛行。为了调查大众媒介对政治活动的影响，拉扎斯菲尔德在1940年美国总统大选期间，进行了著名的"伊利县研究"。调查结果让人意外：大多数选民获取信息并接受影响的主要来源并不是大众传媒，而是一部分其他选民——拉扎斯菲尔德称其为"意见领袖"，他们频繁接触报刊、广播等媒体，对有关事态了如指掌。来自媒介的消息首先抵达"意见领袖"，"意见领袖"再将其传递给周围的人。

这一过程即为著名的"两级流动传播"。

伊曼纽尔在他的书里把"意见领袖"在定义上做了一个延伸，他提出"网络中枢"（network hub）一词，如果一个人针对某特定产品比一般人更愿意做相关的交流，则被称为"网络中枢"。中枢一词比领袖一词更为中立，也没有"领袖"那么夸张。

让我们想象一盘跳棋的棋盘，如果我们把每个人看做那一个个小坑坑，人与人之间连线，这样就构成了人际网络，口碑就在这网络间流动。与跳棋盘不同的是，在现实人际交流网络中，更像一个蜂巢，每个人的交际联系数目是不同的，有的人落落寡合，形单影只，只有少数几个朋友；而有的人却是社交大王，群居终日，朋友一大圈。那些制造并且能够将口碑传播给多个人的，我们把他们看做网络中枢（意见领袖）。

这样，我们可以将网络中枢分为四类。

一、普通中枢

我们小时候与小伙伴交流的口头禅之一是："你在吃什么？好吃吗？"（暗喻义常常是"给我吃一点吧"），答曰："小浣熊的干脆面"或者"大大超人泡泡糖"。这时候，这些零花钱比较多、能买很多零食的小孩就成了这些食物品牌的"口碑传播中枢"。

就像上面我们提到的小孩一样，普通中枢通常做的是口耳相传的工作。这类人的特点是：没有足够的大众影响力，但是却能影响人际网络中离他只有"一坑之隔"的人们。

这些人在获取资讯的能力上比其他人更高一筹：有可能他们比较有物质实力，是早期的产品采用者；有可能他们看到更多的资讯，比其他人更早的掌握讯息；也可能是他们更具冒险性，更愿意比大众提前尝试新的产品。

纽约的罗普·史塔克市调公司（RSW）连续多年追踪一批"有影响力的美国人"[1]，发现他们在许多方面都是最早的消费者。在 1982 年，他们中 8％ 拥有个人电脑，相对于全体民众的 3％。到 1995 年，这个比例上升到 53％，相对于全体民众的 24％。

这些人的另外特点是乐意进行传播，发表意见，在他人面前曝光，他们比一般人更畅所欲言。过去几年，他们当中有 37％ 推荐过车，而普通人只有 19％ 做到这一点；他们中有 22％ 推荐过一个牌子的烈酒、果酒或者啤酒给别人，而普通人做到这一点的只有 9％。

在 1950 年代一项为辉瑞制药公司所做的调查发现，先行采用四环素的那些人，一生中，会参加更多的外省会议，并且拜访更多的外省的医疗机构，去他们那里交流工作。[2]

二、非常中枢

这些人是跳棋棋盘上那些能连接到很远的"坑"的人。一个普通中枢可能一次只能把口碑散播给五六个人，而非常中枢则可以冷不丁地传给上千上万的人。

---

① 伊曼纽尔·罗森（Emanuel Rosen）：《口碑行销——如何引爆口耳相传的神奇威力》(The Anatomy of Buzz)，林德国 译，台湾源流出版事业股份有限公司，2001 年，第 42 页。

② 伊曼纽尔·罗森（Emanuel Rosen）：《口碑行销——如何引爆口耳相传的神奇威力》(The Anatomy of Buzz)，林德国 译，台湾源流出版事业股份有限公司，2001 年，第 65 页。

这些人不一定是产品早期的采用者。但是当他们得到口碑信息时，他们能够使口碑迅速地放大。

这些人中的一部分是专家中枢，比如一些学术明星、政治明星，他们的话语具有权威性，言论具有说服力。专家中枢也包括行业中枢，在本行业内较有影响力。

此外还有社交中枢，例如大众娱乐明星。他们的名气是大众耳熟能详的，并具有偶像带动力，他们会有很多粉丝，一举一动受到关注，甚至效仿。

大部分商品在进行品牌营销时，最先想到的都是这类非常中枢。像我们黄金时间的电视广告，经常是娱乐明星充当代言人，如成龙的染发剂，刘德华的洗发水，蒋雯丽的厨房设施……

然而值得注意的是，互联网的出现，开始大规模地把普通中枢变成非常中枢。

三、互联网的出现——把二维的跳棋盘变成更大的三维

每个人的直接社会圈子都是有限的，即使是一个社交超级明星，他/她所能传播的圈子也终归是有限的。据说平均每人一生认识 1700 人，往来社交圈 300 人①。这样一对一的口耳相传，在现代社会中这个大众媒介主导信息传播的时代似乎并不太实用了。在过去也的确如此，但是，互联网的出现给这样的口耳相传提升了空间。更多的虚拟的"坑"出现在你的上下左右四周，把你包围得像一个球，并且这个球的半径很大。

例如，那些分享链接，可以把本来只能让你的好友看到的博客文章，传播到距离你更远的坑。

再比如：网站的置顶和加精。门户网站、版主、星号会员，他们可以被看做是议题的重置者，有权利将信息放到一个非常显著的中枢位置。例如一篇博客的阅读量可能只有 1000 多人，然而一旦被一个网站置顶到首页，例如日均浏览量达到 1.4 亿的新浪网，这一传播效果成爆炸式增长。

近几年来受大陆人尊敬的经济学家郎咸平教授，搜索引擎上关于他的词条，达到 6,130,000 条。而他的搜狐博客中的 132 篇日志，最少的一篇浏览量也有 4,765 人。2009 年 6 月到 9 月，平均每篇博客的浏览量达到 153,746.8 人。②

更值得注意的是，一些小型的非常中枢，当它们聚合起来，口碑的传播力量惊人。这在后面几章我们会谈到。

---

① 《每个人一生中令人意外的统计数字》，http://wenku.baidu.com/view/c7b62e1aff00bed5b9f31d68.html.

② 数据来源：郎咸平的博客。

第二节 物以类聚：人际网络中存在不同的群组

如上所说，物以类聚，人以群分。

人际网络传播的定理之一是：一个信息可能在某个群体中传播得很快，但是要跨群组传播到另一个群体里，则很困难。

因此，某个产品的口碑在传播了一段时间之后，会碰到瓶颈，想要让口碑实现跨群组流动，需要三个条件：

一、寻找到人际网络中能跨越多个群组的中枢

举个例子，如果一个男士香水广告的目标消费者是 21～26 岁的年轻男人，请不要忘记，这个年龄的男人，通常也要和 21～26 岁的女人联系，因此不如让口碑先在 21～26 岁的女性中传播。让她们买给男生。同样的，女士护肤品品牌，则可以在男性中传播。

二、打造适合多个群组特性的口碑

要善于利用人性共有的一些特点来打造口碑，例如追求"免费"。2000 年，Virgin.net① 仅仅提供给 25 名用户一封电子邮件，并告知，提供给接受者和接受转发邮件的人免费的电影票，并请他们转发给朋友，仅仅在 3 个小时后，就有 2 万人登陆到数据库中。

Hotmail 的免费成功案例

最著名的免费成功的例子是 Hotmail 电子邮箱的横空出世。Hotmail 是世界上最大的免费电子邮件服务提供商之一。1996 年创立之初，它利用免费邮箱来刺激用户为它进行大规模病毒性传播，在短短一年半时间里，就吸引了 1200 万注册用户，而它的营销费用还不到其直接竞争者的 3%。这一利用用户在社会网络中转发散播引发爆炸式发展的案例被认为是病毒营销的开端。他们的策略很简单：

先是赠送免费电子邮件地址

在每封电子邮件下面加个标签："从 http://www.hotmail.com/得到你

---

① http://www.virginmedia.com/，一个娱乐网站。

的个人免费邮箱"

　　人们收到这个邮件后，往往转发给自己的家人、朋友或同事

　　收到这个邮件，人们纷纷注册自己的免费电子邮箱

　　继续把这个消息发给自己社交圈……

　　这就好比是一个小小的病毒，初时只是传染一两个人，但随着传播规模的扩大，感染的人数以几何级数增长，最后达到一个超级用户量。[①] 我们会在后面一章更详细地介绍病毒营销。

三、同一产品，针对不同的群组，制定不同的口碑

　　这一点很好理解。不同的受众群的特性不同，对口碑的敏感程度不一样。例如，学生可能对"质优价廉"一词比较敏感，而金领人士则对"品牌身份象征"等相关的口碑比较敏感。对老年人来说，"健康"是敏感词，对年轻女性来说，"保持美丽青春"可能是敏感词。如果一个产品，能够如多面菩萨般针对不同群组塑造出不同的口碑，打动其心灵，那么口碑传播将加速，也有利于营销。

第三节　　六度分割：人际网络中的弱联系不可忽视

　　20 世纪 60 年代，美国的社会心理学家米尔格朗（Stanley Milgram）设计了一个连锁信件实验。米尔格朗把信随机发送给住在美国各城市的一部分居民，信中写有一个波士顿股票经纪人的名字，并要求每名收信人把这封信寄给自己认为是比较接近这名股票经纪人的朋友。这位朋友收到信后，再把信寄给他认为更接近这名股票经纪人的朋友。最终，大部分信件都寄到了这名股票经纪人手中，每封信平均经手 6.2 次到达。

　　于是，米尔格朗提出六度分隔理论（Six Degrees of Separation），认为世界上任意两个人之间建立联系，最多只需要 6 个人。

　　第一个人到第三个人之间，可能几乎不认识，由此我们称之为"弱网络"，然而就是这样关系在传播口碑中同样是有效的。口碑营销的策略点之一就是如何找

---

　　① 编者：贾斯汀·科比，保罗·马斯登（Edited by Justin Kirby and Paul Marsden）：《连接市场——病毒营销的革命》（Connected Marketing——The Viral, Buzz and Word of Mouth Revolution），Butterworth-Heinemann 出版社，2007 年第二版，第 21 页；《Hotmail 为何以爆炸式发展》，网络营销手册，2007 年 8 月 2 日。http://promote.yidaba.com/bdyx/234126.shtml.

到这些弱关系网络并利用他们来传播口碑。

伊曼纽尔在他的书中提到,创投家即是这样的一类人,为了散播一项产品讯息给硅谷的新公司,他们会试着获得当地创投公司的注意,这些公司和他们的合伙人合作,进而充当他们之间沟通的桥梁,一个他们重视的讯息,会很快找到彼此联络的途径。

《常识之败》的作者劳伦斯·麦克唐纳①讲述了一个他作为美林公司普通证券推销员,如何进入费城高级社区拉客户的故事。他先是搜索美国每所常青藤大学和其他精英大学校友会名录,然后就去豪华的高尔夫和乡村俱乐部去寻找会员名单手册。按照从会员册同名录上筛选出来的名字给高级社区里的居民打推销电话,以此建立了自己在高级社区的客户网络,并在很短的时间内取得了很好的业绩。

---

① 劳伦斯·麦克唐纳,帕特里克·罗宾逊:《常识之败:雷曼背后的金钱角逐》(A Colossal Failure of Common Sense),宋鸿兵 译,译林出版社,2010 年。

第四章　口碑营销的目的

口碑营销的最终目的，就是要使得人际网络各个节点间流动的正面评论极大化。根据口碑产生的温床，以及人际网络中的传播特点，以营销为目的的"人造口碑"是完全可以建立的。

口碑营销的直接目的如下：

第一节　激励口碑产生

客户从哪里得知产品的？别人推荐你的产品时都怎么说？

关于中国的电器品牌"海尔"有这么一个故事：福州一位用户给海尔青岛总部打电话，希望能否半个月内派人到他家维修电冰箱，不料第二天维修人员就到了他家，用户简直不敢相信，一问才知道他们是乘飞机过来的，这位用户感动得在维修单上写下这样一句真挚的话：

"我要告诉所有的人，我买的是海尔冰箱。"坐飞机去维修电冰箱，海尔的维修人员在消费者中赢得了极好的口碑。

然而现今时代，靠贴心的服务、诚实优质的产品、低廉的价格来获取口碑，已经不是一个通关法宝了。它的成本太高，同时，每个人都在努力做到这一点。

第二节　加速口碑的传播

谁是网络中枢？资讯会在哪里受到障碍？一个消费者要依赖多少口碑才会同意购买？哪些是比较重要的？和别人的产品相比，你的产品的口碑流动有多快？

思考了这些问题，就知道应该如何给口碑插上翅膀了。而有的时候，口碑的创造需要拐弯，才有可能打通传播的阻碍。

勃肯凉鞋的迂回战术

当玛格特·弗雷瑟决定在美国开始销售德国制造的勃肯凉鞋时，她首先想到的是最自然的途径：鞋店。然而，她发现鞋店的老板不愿意卖这种鞋，鞋店老板不相信美国人会接受这种产品。在一次鞋展中，消费者对勃肯凉鞋的反应之差，让她决定提早离开，甚至不顾展览会主办单位会对提前撤摊者进行处罚的规定。

所以鞋店就行不通了。一位朋友告诉弗雷瑟，旧金山正在举办一个健康食品商店大会，弗雷瑟于是在展会中租了一个桌子。"我对路过的人说'你知道吗，你应该试试这种鞋子。'就这样开始了。"

健康食品店的老板比较能够接受这种标新立异的凉鞋，许多人买来自己穿。而他们穿了这种鞋子之后，他们会回到各自的网络里，对自己的顾客叽叽喳喳地说这些凉鞋的神奇之处。有关勃肯凉鞋的讯息，一开始竟然是通过健康食品爱好者的网络来散播的。

另一个途径，弗雷瑟从顾客当中找到的。有些学生将倒卖勃肯凉鞋视为一种赚取零花钱的手段。

一阵子之后，这些旁支网络的需求开始引起鞋店的注意了。"我看到人们从健康食品店里走出来，手臂下都带着鞋盒子。"一家鞋店老板在打电话询问有关这种鞋的时候告诉弗雷瑟。这些开始出售这项产品的少数商店，逐渐给了她在这个传统领域里所需要的正当性。这个品牌花了这么长的时间，终于得到它今日享有的地位。被传统鞋店界首肯第一步。这样勃肯凉鞋的散布越过健康食品消费者的网络，进入美国市场。①

第三节　口碑传播与媒介的关系

人们是通过什么样的媒介交流口碑信息的？口碑营销公司 Procter & Gamble(P&G)做过一项大型项目，招募了 50 万母亲志愿者来推广宠物食品、抹布纸、染发剂这类产品。公司提供宣传材料与购物券，但推广者可以任意评论。另一家公司 BzzAgent 也给 26 万人提供了一些品牌的产品与材料，作为交换，这

①　伊曼纽尔·罗森（Emanuel Rosen）：《口碑行销——如何引爆口耳相传的神奇威力》(The Anatomy of Buzz)，林德国 译，台湾源流出版事业股份有限公司，2001 年，第 266～267 页。

些人提供了关于他们如何与朋友交流品牌的信息。这些研究发现，绝大多数的口碑交流(90％)是线下交流，其中电话交流占 18％，面对面占 72％。① 当然这些是在互联网的新社交媒体流行前的情况。

　　另外有研究指出，消费者受影响的几个因素，其中：个人经验：72％，朋友与家人：56％，电视广告：10％，报纸广告：9％，广播广告：6％。由此可见，人是受周围亲密人群影响的，口碑主要是通过口耳相传的传统方式来实现的。② 这一现象直到新社交媒体的出现才改变。

---

　　① 　基维亚特，芭芭拉(Kiviat, Barbara)：《大街上的口碑》(Word on the street)，《时代》杂志(Time)，第 169 卷 17 号，2007 年 4 月 23 日，第 64 页。
　　② 　同上。

第五章　口碑营销的方式

第一节　口碑值多少钱

人与人之间的口碑交流值多少钱？美国波士顿的口碑营销公司 BzzAgent 将口碑的价值定为 50 美分一次交流。在他们的一次大型口碑营销研究项目中，他们组织了一个六个星期的活动，共有 1867 人参与，其中每个参与者平均对外交流16.4 次(16.4 人)。在第二代的传播人中，有 83% 的人对外交流 1.94 次。在这个结果上，他们将此次活动的销售总额除以谈话总数，得出每次谈话价值约为 50美分。①

第二节　制造口碑

客户从哪里得知产品的？别人推荐你的产品时都怎么说？

一、公开身份的制造

传统的口碑营销，强调的是公司与顾客之间的互动，即一种公开身份下的口碑源的制造：

贴心的服务，诚实优质的产品，低廉的价格——就像海尔这样，行胜于言。

通过这种超过顾客期望的服务和产品来制造口碑。在这种口碑营销的方式下，客户关系管理 CRM(Customer Relationship Management)变得越来越重要。客户关系管理概念最初是由国际知名研究组织 Gartner Group 提出的。

---

① 瓦色尔曼，托德(Wasseman，Todd)：《交谈有多便宜？》(Is talk cheap? How cheap)。《品牌周刊》(Brandweek)，第 49 卷 26 期，2008 年 6 月 30 日，第 6 页。

客户关系管理是指通过培养企业的最终客户、分销商和合作伙伴对本企业及其产品更积极的偏爱或喜好，留住他们并依次提升企业业绩的一种营销策略。

一般来说，客户关系管理可以由两个部分构成，即触发中心和挖掘中心，前者指客户和客户关系管理人员通过电话、传真、Web、E-mail 等多种方式"触发"进行沟通，挖掘中心则是指客户关系管理记录交流沟通的信息和智能分析，这些资料随时可供客户关系管理服务人员查阅。

从实践操作来说，它采用先进数据库和其他信息技术来获取顾客数据，分析顾客行为和偏好特性，积累和共享顾客知识，有针对性地为顾客提供产品或服务，发展和管理顾客关系，培养顾客长期的忠诚度，以实现顾客价值最大化和企业收益最大化之间的平衡。[①]

日本连锁超市吉之岛：基于客户关系管理的重点客户口碑制造

吉之岛是日本的连锁超市，定位于中高端客户，在广州的销售业绩很好。

2008 年，广东吉之岛尝试推广会员卡。经过一年的积累，吉之岛的会员发展到了 10 多万，并按照消费级别分为金卡、银卡和普卡三类会员，年消费达到 2.4 万元以上的会员到 2009 年自动成为金卡会员，而 2.4 万元到 1.2 万元之间的消费者为银卡会员，1.2 万元以下的顾客则为普卡会员。

2008 年底，吉之岛开始采用 CRM 进行客户管理。

根据美国数据库营销研究所 Arthur Hughes 的研究，客户数据库中有三个不可忽略的要素，构成了数据分析最好的指标：最近一次消费（Recency）、消费频率（Frenquency）、消费金额（Monetary）。与传统的分析维度相比，这三个数值是动态的，是一种更为高明的分析维度。

在传统客户关系管理的分析维度里，顾客的年龄、收入、婚姻状态都会被纳入重点分析维度，目前仍有不少国内零售企业在应用这样的维度来定位顾客。但这些维度都是静态的，一个顾客 10 年来都来购物，就认定他喜欢你的商品，在市场变化和顾客需求的挖掘上还是少了点力度。

当他们开始这项工作时，遇到了"最近一次消费（R）"的定义难题，他们最后采取将"消费频率"和"最近一次消费"结合起来，观察顾客的动态消费，如果顾客的到店频率降低，那么在系统里就会产生会员流失的预警。

---

① 林豪锵，曹修源，Ian Phau：《网路行销》，台湾旗标出版股份有限公司，2002 年；祁定江：《口碑：怎样让顾客成为你的推销员》，现代出版社，2006 年。

消费频率(F)和消费金额(M)是最重要的两个指标,根据它们的定义,吉之岛将每个指标定义为五级,M 五级是吉之岛消费金额最高的金卡会员群,R 五级是最忠实会员群,通过这样的定义,吉之岛找到了最有价值的顾客,根据传统的"二八"原则所估值的会员,重新得到更清晰的定义。而对于贡献度较高的金卡、银卡会员,吉之岛则提供比普通会员更高的积分倍率。

而对于 F 值比较高的会员,吉之岛能清晰了解,哪些会员是与吉之岛联系紧密的会员,并通过其所购买的商品,预测其是否是附近的居民,从而在促销期间加强与他们的联系。

单从 F 值来观察时,他们发现有些会员的到店频率非常低,可能并不属于忠诚会员。但是经过与 M 值相加比较,他们发现,部分会员每次到店都会采购很高的金额。一般来说,他们将这部分会员定位为团购性会员。

对于这部分会员,吉之岛采取在劳动节、端午节、中秋节等重大节日前夕与这部分会员加强联系。而对于三个值的指标都是最低比值的会员,将被定义为"边缘会员",营销部门也将会把注意力转移到更有价值的会员身上。

吉之岛最终可将会员划分为 125 个群,准确定位到需要的顾客群体,而不会在营销活动中迷失方向。

这样的定义在促销的时候派上了用场,比如母亲节临近,吉之岛就可以定位目标会员,首次找出符合这一年龄层次的会员,其次根据 M 和 F 定义,将最有价值的会员挖掘出来。

基于更精确的会员数量,吉之岛推出了各种主题促销,譬如文具的促销、泰国食品节的促销等。而在传统的促销活动中,也更能准确定位到目标顾客。

每一次促销活动结束后,吉之岛会根据收集到的会员消费数据,通过客户关系管理系统,对每一次的促销活动进行效果评估。如果定位的目标顾客在促销期内购买相关商品的比例较低,说明这次促销主题的商品并没有吸引到这些会员。或者促销手段效果不好,营销部门会将根据促销评估调整营销策略。

充分的会员消费数据是展开精确营销的基础。为此,每一个会员的刷卡频率是关键问题。吉之岛想了很多办法提高会员的刷卡频率这个问题:他们设定每个月的 20 号和 30 号为会员日,顾客这两天的消费将会获得双倍积分;在店庆期间和主题促销期间也会设置临时的会员日提供会员价。这样的措施还有很多,比如每一位会员生日临近,都会接到吉之岛的会员生日提醒短信,凭借会员卡,可以到服务台领取礼物。

通过客户关系管理，精确地提供服务，提高口碑，从而提高了销售业绩。[①]

二、不公开身份的口碑制造：幕后的创意病毒

（一）基于客户关系管理口碑营销的缺陷

客户关系管理是提高已有客户的满足感，是一种客户价值的再完善。在口碑范围的扩大上面，并没有再着力。

同时，在顾客怀疑主义的环境下，公开身份自我制造口碑，对大部分公司来说是很大的考验。像吉之岛这样的客户关系管理，成本很高，口碑产生的效果较慢。而顾客期望又是一个难以把握的东西，要多好的服务才能让他们去传播呢？

过去的一些营销服务，比如上门修理服务，在现今已经看做是必需品了，对制造口碑已经没有作用。因此很多公司在采取客户关系管理时，也同时在幕后制造口碑——创意病毒。

什么是创意病毒？创意病毒就是植入了品牌信息的内容，它有足够的吸引力、刺激力，能够使受众自发地参与到传播中去。相比于客户关系管理产生的口碑，创意病毒的扩散面广，速度快。

在一个竞争激烈的市场，必须从大范围开始散播口碑，才能够吸引眼球，增加成功的机会。

（二）创意病毒的基本特征：新鲜事物

什么东西能够吸引受众注意力，并且值得其分享：它能够短时间内要么让人有精神上的收获，要么能让人有利益上的收获，或者其他方面的收获。

所谓精神上的收获，即满足了某种心理，例如：放松心情、猎奇、娱乐，通过分享信息获得先知的荣誉感，或者帮助维系社交人脉。

所谓利益上的收获，即得到了物质价值，例如：免费、打折、获赠小礼品等。

并且这些收获要能过超过受众的期望，并且价值要大于受众在这上面投入的注意力、时间、劳务等。

当这一切都符合要求时，由客户自发地传播分享过程便启动了，植入在创意病毒中的品牌口碑也开始疯狂地传播……

加拿大 Ganz 公司的网娃

Ganz 公司一直是绒毛玩具业的领导者。随着儿童在线时间越来越长，公司就

---

① 客户世界网站 http://www.ccmw.net/article/63877.

考虑如何能够将儿童对绒毛玩具的喜爱与上网结合起来。他们找到的答案就是网娃（Webkinz）。

网娃是拥有密码的绒毛玩具。通过密码，孩子们可以进到一个专门的社交网络，在那里可以玩他们虚拟的"网娃"，给他们喂食，照顾他们的生活等。在 2006 年推出网娃玩具时，设计的一个创意病毒是登陆"网娃"社区的密码。孩子们只有购买了"网娃"绒毛玩具，才可以获得密码，登陆"网娃"社区。在这个虚拟社区中，他们可以领到"网娃"的收养

网娃网站

证明、传记本和与他们购买的真实玩具一样的虚拟宠物。他们可以和这些宠物玩游戏、设计住宅、装饰房间、赚钱为它们购买生活用品，与它们聊天等。这个网络社区密码只能使用一年，到期后，需要再买一只绒毛宠物来更新账户。

这个"网娃"的创意大获成功。孩子们为了取得密码，纷纷购买"网娃"，然后蜂拥到"网娃"社区，纷纷把自己的网娃照片同视频放到网上供人分享。随后是人际网络中非常中枢的介入——博客作者和新闻媒体开始谈论网娃现象。网娃的销售量大增到 200 万个，在线注册用户有 100 万人。与此同时，Ganz 的零售商们还安排与组织网娃粉丝们的线下聚会或其他活动，其"网娃"品牌同时开始向交易卡、鼠标垫，甚至润唇膏这类附件产品方面发展。[①]

在这个案例中，创意病毒的关键点是利用密码这个要素制造了神秘与稀缺，购买行为已经不仅是拥有一个物品，而是取得了进入某个非常有趣并有吸引力的排他社区的钥匙。

那么什么样的才算是创意病毒呢？怎么样才能刺激创意病毒在人际交流网络上的感染传播呢？首先，要有好的要素。病毒的要素包括：

1. 稀罕和神秘；

2. 制造不对称的资讯分配，建立期待感；

3. 把人们带到幕后；

4. 做一些极端的事情；

5. 给他们一位英雄。

这些，我们在外二篇"病毒营销"中将有详细的介绍。

———————

① 席莹：《美国 50 个最尖锐营销创意之一：网娃》，艾瑞网席莹博客专栏，2007 年 11 月 22 日。http://column. iresearch. cn/u/xiying/archives/2007/10864. shtml.

第三节　制造和辨识意见领袖

一、制造传播源

（一）制造口碑

首先，口碑不仅仅是好和坏，而应该是细节的好和坏。因为细节让人觉得真实和印象深刻。

其次，口碑应该简单、新鲜，能够被顾客清晰地复述和传递。例如，依云矿泉水的广告，把"live young"很好地表达了出来，简洁易记。

（二）制造意见领袖

无论是专家中枢，还是普通中枢，都是可以成为传播口碑的意见领袖的。例如将你的产品送给某位专家中枢使用，如果他们觉得不错，则愿意替你传递口碑。

如何将普通中枢培养成意见领袖呢？上文提到过，普通中枢如果能够得到聚合，其所发挥的口碑传播效用，可能更甚于一位专家

依云矿泉水想要打造的口碑

中枢。利用博客进行口碑营销就是一个例子。以我们上文提到的一位专家中枢郎咸平博客为例，他的博客浏览量一篇10多万，则我们只需要找10个浏览量在1万的普通中枢，请他们做口碑宣传，其效果也和一位专家中枢不相上下。

对于商家来说，只要效果相同，那么要考虑的就是成本。那么究竟是请专家中枢，还是普通中枢呢？这里涉及一个中枢的"原则问题"和口碑的"诚实问题"。

营销专家 Seth Godin 在其《行销不过是个喷嚏》一书中，提出"有原则的喷嚏者"和"无原则的喷嚏者"[①]。所谓"喷嚏者"，就是散播口碑的中枢。

有原则的喷嚏者——自发中枢

是指使用产品后，从内心真正认同该产品的中枢，他们的口碑由内而生，他们

---

①　Seth Godin，《行销不过是个喷嚏》，梁曙娟译，台湾蓝鲸出版有限公司，2001 年，第39 页。

不用商家花钱雇用，就能够自发地去为产品传播口碑。

无原则的喷嚏者——雇佣中枢

是指他们之所以传播口碑，并不是因为自己实际使用过这个产品，被产品感动，而自发地去传播口碑，而是有金钱或者其他名利诱因，促使他们成为病毒的散播者。

平常我们看见的花高价请来的明星，亦是属于这一类型。

随着创意病毒的流行，"雇佣中枢"的使用也越来越多。尤其是网络创意病毒。他们催生了当前中国的网络推手行业。

根据市场研究公司 Jupiter Research 的调查数据显示，77％的网民在线采购商品前，会参考网上其他人所写的产品评价，超过 90％的大公司相信，用户推荐和网民意见在影响用户是否购买的决定性因素中是非常重要的。[①]

所谓的推手行业，就是雇用一批网络写手与贴手，将他们培养成或包装成网络意见"普通中枢"，请他们大量地在网上散布含有产品信息评价的内容，并支付薪酬。

随着互联网的发展，网民的增多，根据我们的推手研究，这一类雇佣中枢已经成为当今社会口碑营销的重要主导者，其所产生的效果，也超乎常人想象。关于网络推手的详细阐述，请见前两章。

二、辨识中枢

扩散理论：识别早期使用者、重度使用者

根据美国学者埃弗雷特·罗杰斯（E. M. Rogers）提出的创新扩散理论模型，创新事物在一个社会系统中要能继续扩散下去，首先必须有一定数量的人采纳这种创新物。通常，这个数量是人口的 10％～20％。创新扩散比例一旦达到临界数量，扩散过程就起飞，进入快速扩散阶段。创新扩散曲线的各阶段包含相应的人群，营销的过程即是要找准相应的人群。

创新者（Innovators）：他们是勇敢的先行者，自觉推动创新。创新者在创新交流过程中，发挥着非常重要的作用。

早期采用者（Early Adopters）：他们是受人尊敬的社会人士，是公众意见领

---

① Seth Godin，《行销不过是个喷嚏》，梁曙娟译，台湾蓝鲸出版有限公司，2001 年，第39 页。

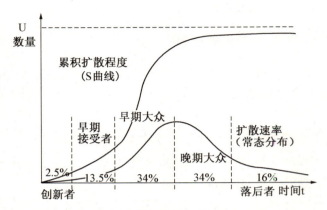

罗杰斯创新扩散曲线

袖，他们乐意引领时尚、尝试新鲜事物，但行为谨慎。

早期采用人群（Early Majority）：他们是有思想的一群人，也比较谨慎，但他们较之普通人群更愿意、更早地接受变革。

后期采用人群（Late Majority）：他们是持怀疑态度的一群人，只有当社会大众普遍接受了新鲜事物的时候，他们才会采用。

落后者（Laggards）：他们是保守传统的一群人，习惯于因循守旧，对新鲜事物吹毛求疵，只有当新的发展成为主流、成为传统时，他们才会被动采用。

在培养口碑中枢的过程中，罗杰斯的扩散曲线有着重要的作用。

在辨识群组中枢的过程中，需要关注的是创新者、早期采用者、早期采用人群。他们要么能提供咨询，要么能提供口碑。"他们如果知道一个产品，明天就会有25个人知道这个产品"或者"他们如果认为一个产品好，明天就会有25个人认为这个产品好了"。

"试试网"领取试用品——让中枢来找你

试试网就是这么一个用来寻找早期采用者的网站。他们提供各种商品的试用品，例如化妆品、衣服、食品等，如果有人有兴趣，则可以申请试用。

这一批申请试用的人，我们可以将之看成是早期采用者，他们是传播口碑的重要中枢。

然而要注意的是，早期的采用者，在忠诚度上，并不能持久，尽管他们乐于尝试，他们因此更容易转移注意力到新的产品上。从而与群组产生知沟。例如：新潮的科技用户，他们总是不停地在换手机。

在一个竞争很激烈的市场，怎么可以让口碑的生命周期延长，使它在扩散到使用人群前不死亡？因此要同时找到重度使用者，培养一些中枢，无论是"自发中枢"还是"雇佣中枢"。例如论坛版主，在数千万的论坛中，论坛版主一定是对本论坛有激情有兴趣的人，并且成为相关资讯(口碑)的主要提供者。如果你要找一些中枢，他们是不错的选择。

试试网

留意、辨识意见领袖并发展培养他们成为口碑中枢是重要的，与他们合作是必要的。意见领袖不仅仅能够帮助传播口碑，还能够制止负面口碑的传播。

这一观点早在圣经中就有记载，当摩西向上帝抱怨说他再也无法控制以色列人时，上帝告诉他去集合"以色列70位年长的人"，然后利用他们散播讯息给其他人。与古代社会不同的是，如今社会的信息中枢已不再是长者，而是最能够利用媒体、特别是网络媒体的人。

三、寻找连接中枢

有调查显示，销售员在遇到与自己年龄、学历、经历相仿的顾客时，业绩要好很多，因为话语投机产生的信赖感更强，也更容易将口碑传递出去。

安永会计师事务所(Ernst & Young)是第一个开始使用脸谱(Facebook)的雇主。这个社交网是一个很好的选择因为它在大学生中很流行。安永聘请了超过5,500名大学生作为新员工和实习生。通过维持安永在Facebook上的这个网页，安永显示他们并不害怕透明，这是与大学生们建立良好关系的一大步。

通过招聘大学生作为实习生，安永传递给大学生客户们一个强烈的信息，他们想要倾听大学生的需要和渴望，更进一步，通过使用Facebook，安永找到了可以连接很多意见中枢的纽带，这些大学生会在不同的圈子内，把安永的口碑散播出去，这让安永处于一个绝佳的竞争位置。[1]

外一篇

口碑营销

---

[1] 苏珊·赖斯·林肯(Susan Rice Lincoln)：《掌握Web 2.0——使用关键网站和社会性媒体工具改变您的生意》(Mastering Web 2.0 – Transform your business using key website and social media tools)，Kogan Page出版社，2009年，第9～10页。

第四节　和广告的配合

虽然上文说了广告这种干扰式营销正在衰退，在口碑营销方面，它的投入产出不成比例。但是，这并不意味着广告就得被忽略。在进行口碑营销时，干扰式营销和非干扰式的口碑营销是需要相互进行配合。

在权威媒体上的广告给人以正确的品牌资讯形象，至少，这个广告所传递的信息包括：品牌实力、大众认可、主流媒体声誉担保。

例如伟哥（viagra）等涉及个人隐私的产品广告，因为有了这些正面的广告来宣传，会让男人在和他们的医生谈论这些问题时容易一些。

伊利"放心奶"活动

2009 年三聚氰胺牛奶事件后，处于风口浪尖的中国乳业企业伊利牛奶为了挽回急剧下跌的市场份额，开展声势浩大的"放心奶"活动。希望扭转消费者心中"伊利牛奶添加三聚氰胺"的形象。

邀请中外媒体考察：包括考察原奶收购、入厂生产、过程检测直至成品出厂的每一个环节和流程，以此证明伊利生产设备在全球都是领先的，特别是完善、健全的食品安全追溯体系可以比肩国外的乳业巨头。

推出了"放心奶粉安全月活动"：在全国多个城市的核心商贸超市开辟专区，让消费者充分了解伊利如何控制奶粉的品质与安全。

12 月 4 日上午，呼和浩特市百名伊利终端零售商代表走进伊利集团，见证了伊利"放心奶大行动"。每一位到场的参观者不仅可以近距离感受现代化的生产工艺，还可以更清楚地看到操作人员对原奶验收、无菌处理、无菌灌装和入库出库等全部四大环节的操作和监控。伊利"放心奶大行动"在全国范围内的成功推广，受到消费者的积极回应，乳品市场的销售回稳。[1]

伊利图片

---

[1]　中国质量新闻网 http://www.cqn.com.cn/news/zlgl/yjdt/243332.html.

第五节 维护口碑

由于在一个过度推销的时代,产品的更新换代,极易让之前产生的口碑被淹没。因此,口碑也需要维护。

例如一个口碑创意病毒,维护生命周期越长,就需要不断有新的顾客,新的顾客参与以及新的创新。只有更多的人加入传播,才可以保证口碑流动不停滞,而只有不断推陈出新的创意病毒,在不同的周期,面对不同的群组,采取不同的创意病毒,则有可能调动顾客的传播主动性,实现口碑病毒的生命延长。

星巴克的口碑营销

星巴克公司始创于 1971 年,现时已经发展成当国际知名咖啡连锁店品牌。星巴克的营销策略是不做媒体广告,而是通过口碑营销方式塑造品牌。它的名字"星巴克"来自美国作家麦尔维尔的小说《白鲸》中一个人物,他是一位有性格魅力、处事冷静的大副,他的嗜好就是喝咖啡。麦尔维尔的读者群被认为主要是受过良好教育、有较高文化品味的人们。因此,星巴克咖啡的顾客定位是有文化有生活情调的城市白领。

星巴克的产品是咖啡,但它不是像其他咖啡公司一样销售罐装的日用咖啡,而是开设有独特风格的咖啡店,提供一种在有格调场所饮用咖啡的生活方式,从而把星巴克咖啡变成了一种体验经历,喝咖啡不单是一个简单的日常生活习惯,而是品味鉴赏咖啡的文化过程。咖啡,已经不是"功能性产品",而转化成文化和情感产品。星巴克所使用的咖啡豆来自世界主要咖啡豆产地,并在西雅图烘焙。星巴克的员工除了要精通咖啡的知识及制作咖啡饮料的方法外,还要能够向顾客详细介绍这些知识和方法。星巴克还用不同的方式鼓励员工与顾客,顾客与顾客之间互动交流。在这里,公司服务员也身兼口碑中枢的责任,向顾客口传身授星巴克品牌的内涵。于是乎,咖啡店演变成了"咖啡庙堂",员工成为"牧师",顾客成为"朝圣者",星巴克的口碑与产品形成了完美的结合。[①]

星巴克在中国的品牌推广主要是以三个特色活动为核心:"熟客俱乐部"、"咖啡教室"和"咖啡一刻",关键是营造与扩散口碑。"熟客俱乐部"是培养与维护口碑中

---

① 《口碑营销及其战略》http://www.795.com.cn/wz/76565.html.

枢的集散地。星巴克定期向俱乐部会员发送企业新闻电子邮件和手机短信，还会提供各类优惠券，开展有奖征文和免费讲座等活动。"咖啡教室"是"咖啡庙堂"的中国翻版。星巴克把培育品牌口碑的工作下放给每一位员工（星巴克把员工称为"合作伙伴"），通过搭建"咖啡教室"，使他们与消费者进行面对面的交流，以教化群组方式，强化口碑的力量，坚定消费者对星巴克的忠实度。"咖啡一刻"是面向公共的活动，在大众媒体的配合下，在中国这个非咖啡社会向大众推介"咖啡文化"①。

第六节　提速口碑传播，激励口碑

由于口碑具有生命周期，又会遇上群组的阻隔，因此，我们要在口碑死亡之前，尽量地扩大口碑的传播面。

（一）选择连接不同群组的中枢或场所

其实每个人都或多或少地连接着不同的群组（你总不能只跟一个团体里的人玩），都可以看成大大小小的节点，虽然不如专家中枢、普通中枢那样的辐射范围大。但是，若能聚沙成塔，集长尾之力量，其影响力也不可小觑。前文提到的网络推手，即是这种口碑传播的典例。

这里我们以 QQ 传播为例。QQ 是中国最流行的即时通信（IM）软件，支持点对点在线聊天、多对多群聊、视频电话、传文件、共享文件、网络硬盘、QQ 邮箱等多种功能。QQ 在线用户由 1999 年的 2 人到现在已经发展到在线人数超过 1 亿。据统计，2009年 12 月，我国网民人数达 3.84 亿，这说明中国三分之一的网民同时挂着 QQ。

几乎每个 QQ 用户会按自己的兴趣加入很多的 QQ 群。例如右图是某人加入的 QQ群，既有国土资源管理，又有新闻，还有财经群、网络营销群等。每个 QQ 群都有几十号人。

QQ 群

① 《星巴克如何玩转口碑营销》。牛商网。2008 年 7 月 26 日。http://www.nsw88.com/Article/xingbakeruhewanzhuankoubeiyingxiao_1.html.

因此，QQ 群的存在，几乎让无数人成为一个个跨群组的信息中枢，任何一个有趣的信息，你都可以从这个群转发到那个群。

这样的一种通讯工具导致了一个业务的产生——QQ 群营销。一些拥有很多 QQ 群的人，被认为是可利用的中枢，而可以培养其传播植入口碑的信息。

如果信息足够有趣，或者足够让人在感情上有呼应，会让 QQ 群里的成员再次转发，则说明这次 QQ 营销是非常成功。以下就是一个群发信息营销案例。

QQ 群营销

糯米网的口碑营销

2010 年 6 月 23 日，千橡互动集团正式宣布，其投资并倾力打造的团购网站"糯米网"（www. nuomi. com）正式上线。与其他同类网站不同的是，糯米网致力于成为用户的"本地精品生活指南"，为商家创造"精准营销平台"。从内容、服务到品质，均将目前团购网站的整体层次与标准进行提升，成为社交化电子商务领域中的"精品版"，实现用户、商家和网站的三赢局面。①

而糯米网的第一期内容是：快约上小女友、小男友吧，今天上线的团购网站糯米网（www. nuomi. com）可谓开出一份夏日最好的节目单：40 元双人暑期超值尽享！原价 176 元成龙耀莱国际影城套餐（电影票 2 张＋可乐 2 杯＋爆米花 1 份＋哈根达斯冰激凌球 1 个）。

截至当日的 18:43，将一个电影组合套装产品卖出了 15 万件。糯米网的营销措施之一，是采用了 QQ 群营销。糯米网的营销人员，制造了 5 条 QQ 信息，在不同的 QQ 群里传播。例如用非常平民的语气在 QQ 群里说："我觉得这个非常值，电影票团购，有兴趣的去看看，呵呵呵。"然后给一个链接。见下图。

---

① 三毛：《糯米网四十元团购电影票到底忽悠了谁？》，雅虎科技，http://tech. cn. yahoo. com/yxk/20100625/3gj8. html.

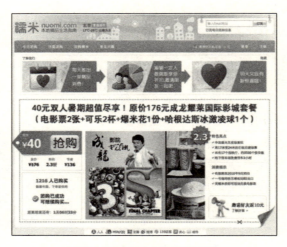

糯米网的 40 元电影套餐团购

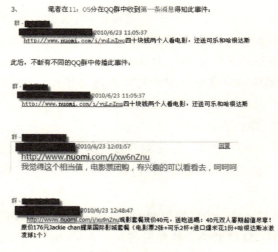

糯米网的 QQ 群营销

（二）口碑病毒要能够被不同的群组接受

1983 年，马拉松选手布莱恩·麦斯威尔发明了能量棒（一种给运动员食用的、迅速补充能量的食物）。

90 年代初，能量棒希望能让不同的群组接受，包括健康发烧友、小孩子、年长者以及忙碌的人。

因此要使他们的口碑让不同的群组接受，他们开始改进产品的味道和硬度，提供更好更多的味道。

（三）选择更多的中枢在不同的群组间传播

最初的时候，布莱恩·麦斯威尔取的是直销模式，消费者统统都是运动员。但是数周之后，他们选择了"自行车推销员"，很快，在两三个月内，由约三百家车行成为能量棒的零售商。

车行连接的既有运动员，还有许多普通的自行车用户。这一下，能量棒的传播开始迅速提速。

能量棒发明之后，该公司寄信给现有的顾客（我们可以管他们叫普通中枢），免费提供给他们 5 支能量棒，只收取他们 3 美元补贴运费成本，同时提供纸条，写着"由××地的××送给××"。很快，新的群组就被开拓了。

同时，他们花了很多心思在不同群组的口碑传播上，每年，能量棒都要赞助数个活动。麦斯威尔在这些活动上的演说，和运动没有任何关系。而他们的赞助条件也不过是在入口处摆上一张桌子和样品①。

第七节　口碑与产品的结合

口碑相当于期望，口碑管理实际上是期望管理（expectation management）如果唤起过多的期望而无法履行，则会制造出失望——即负面口碑，正所谓过犹不及。

上文提到的大众点评网为了保证口碑的公正，对商家进行了严格的控制，防止商家自己对自己进行点评：

大众点评网的商务服务条款

① 伊曼纽尔·罗森（Emanuel Rosen）：《口碑行销——如何引爆口耳相传的神奇威力》（The Anatomy of Buzz），林德国 译，台湾源流出版事业股份有限公司，2001 年，269～274 页。

因此，在传播口碑时，即使是通过创意病毒来提前塑造口碑，也要保证口碑与产品的特色相结合。

除了一些互联网产品外，大部分的产品和口碑是不能同时传播的。Hotmail是一个能将产品与口碑同时传播的例子，因为在其产品（邮件）下方可以附上口碑——"此邮件来自 Hotmail"，而像理财咨询服务则不可行。投资公司不能在理财咨询服务的同时，加入自己公司的品牌宣传。它的口碑只能体现在它提供的服务中。

外二篇

病毒营销

第一章　病毒营销是什么

第一节　病毒营销的来龙去脉

你见过用搅拌沙冰的搅拌机去搅拌大理石、高尔夫球杆吗？

2006 年 12 月，美国视频网站 YouTube 上的一段视频引起人们的关注。

一个叫"汤姆"的白发老伯把一台苹果公司前些年出产的 iPod 随身听，扔进一台搅拌机，20 秒的吱吱嘎嘎之后，随身听变成了一堆冒烟的粉末。

这段惊人的视频在两个月内被观看了将近 270 万次，目前浏览次数为 573 万次。

此后，汤姆又搅拌了 iPhone 和 iPad，观众们被那台无所不能的搅拌机所征服，纷纷点击节目说明中的网址一探究竟，观看次数分别达到 863 万次和 608 万次。

will it blend 之被搅拌的 ipod

搅得烂吗 will it blend

被塞进搅拌机的还有：扑克、火柴、灯泡，甚至还有手机。

每段视频的开头，老头儿都会带着防护眼镜来上一句："搅得烂吗？这是一个

问题。"(Will it blend? That is a question)

他们总共制作了将近 30 段此类视频放到网上，而且会根据网友的反应不断推波助澜。2010 年 4 月上市的 iPad，在推出后两天，就被汤姆扔进了搅拌机。

这种新科技下的暴力美学，促使人们去寻找这是什么样的搅拌机。

这正中了视频制作者们的下怀。制作者们来自 Blendtec 食品搅拌机公司。汤姆·迪克森（Tom Dickson），他是 Blendtec 公司的首席执行官。为了增加品牌的知名度，他们把各种奇怪的实验品都扔到搅拌机里面去测试，然后贴到网上去。

"我们的目标就是加深品牌和市场认知度，"在接受美国《商业周刊》采访时，市场总监赖特说："很多人家里的搅拌机可能连冰块都没法弄碎，他们会牢牢记住这个可以搅拌大理石的机器。"在"搅得烂吗"系列视频上线后的一个月中，Blendtec 的在线销售量比过去的月度最高纪录暴涨了四倍。[①]

这些视频被网友转载到各国的视频网站上，包括中国的优酷网和酷 6 网。目前，在 Google 搜索"will it blend"，搜索结果达到 1070 万条。

这是一起病毒营销的杰作。

将"病毒"概念引用商业营销，最早见于媒体评论家道格拉斯·卢斯可夫（Douglas Rushkoff）。1994 年，他写了一本书——《媒体病毒：隐藏在大众文化中的议程设置》。书中，他用病毒作比喻：如果广告信息抵达了一个"容易被影响"（Susceptible）的受众，那么这个受众就被"感染"（Infected）了，并且向他人分享着信息（Infecting Others），从而从"感染者"成为"传染者"。

三年后，"病毒营销"（Viral Marketing）一词正式出现。哈佛大学教授 Jeffery Rayport 在其《营销病毒》（The Virus of Marketing）一文中说：

"在地球上，除了病毒，没有什么东西能在最短的时间里，以最少的预算，使信息的传播获得最大的效果。"[②]

彼时，正是美国互联网业欣欣向荣之际。1996 年，沙比尔·巴蒂亚（Sabeer Bhatia）和杰克·史密斯（Jack Smith）率先创建了一个基于 Web 的免费邮件服

---

① 康迪：《用有趣创造有效的传播——视频营销中外成功案例》，《V-Marketing 成功营销》，2008 年 11 期。

② 杰弗里·瑞波特（Jeffrey Rayport），《病毒营销》（The Virus of Marketing），《Fast Company》杂志，1996 年 12 月 31 日，第 6 期，http://www.fastcompany.com/magazine/06/virus.html.

务——Hotmail. com。Hotmail 向用户提供免费的 E-mail 地址和服务,并且,他们在每一封免费邮件的底部加上一句话:"Get your private,free e-mail at http://www. hotmail. com"。

这是较早的免费邮箱。加上注册方便,并且其借力传播的人际网络属于"熟人型人际网络",Hotmail 得以爆炸式地发展,无论人们使用什么邮箱,但凡他们收到来自 Hotmail 邮箱发来的邮件,他们都忍不住去点击邮件底部的链接。

仅用一年时间,Hotmail 就拥有了 1000 万用户,而且还在以每天超过 15 万新用户的速度发展,成为目前世界上最大的电子邮件服务提供商。

更令人不可思议的是,在网站建立的一年内,用在营销上的花费还不到 50 万美元,只是其竞争对手广告费和品牌推广费用的 3%。真正实现了"最短的时间里,以最少的预算,使信息的传播获得最大的效果"。

1997 年,德丰杰全球创业投资基金(Draper Fisher Jurvetson)的光环人物——董事长史蒂夫·尤尔韦森(Steve Jurvetson),看中了邮件运营商 Hotmail,不光给了他们投资,还把他们背后的发展模式归纳为"病毒营销"(Viral Marketing)[1],那个诱引人们去点击的链接被称之为"病毒"。

从此,"病毒营销"这一概念开始流行。

第二节　病毒营销是口碑营销
(Word of Mouth Marketing)吗

一、关于 Blendtec 的小调查

Blendtec 的案例虽然有趣,但读过上一章的朋友一定会说:"这不就是口碑营销嘛!"

确实,Blendtec 的视频,为他们创造的就是这样隐含的信息——"这个品牌的搅拌机质量真不错!"

朋友们让我看 Blendtec 的视频,一定是要告诉我这个搅拌机真牛。

真是这样吗? 不。

---

[1]　伊曼纽尔·罗森(Emanuel Rosen):《口碑行销——如何引爆口耳相传的神奇威力》(The Anatomy of Buzz),林德国 译,台湾源流出版事业股份有限公司,2001 年,第 27～32 页。

2009 年 9 月，我们关于 Blendtec 的视频做了一个小范围的调查，①调查者们在看过后做了一个问卷，询问他们看完视频后的第一选择：

A 竟然把这么贵的 iPhone 用这么原始的方法摧残，实乃暴殄天物之天下之最，分享之！

B 这款搅拌机质量不错啊！

100％的同学选择了 A。

所以，口碑与病毒的区别之一：病毒给人的第一印象是感性刺激。而口碑传播，给人的第一印象就是主观的评价。

二、关于 Hotmail 的两句话

想象这样两句话：

一句是："Hotmail 用起来感觉不错哎。"

另一句是："Hotmail 是免费的。"

毫无疑问，前者是主观口碑，后者只是商品的客观信息，虽然这个客观信息中隐含了潜意识的推荐。

上一章节中提到，世界营销之父菲利普·科特勒给口碑传播的定义是：口碑是由生产者以外的个人通过明示或暗示的方法，不经过第三方处理、加工，传递关于某一特定或某一种类的产品、品牌、厂商、销售者，以及能够使人联想到上述对象的任何组织或个人信息，从而导致受众获得信息、改变态度甚至影响购买行为的一种双向互动的传播行为。

所以，口碑与病毒的区别之二：口碑传播更多的是直接评价，而病毒营销可以是单纯地传播客观信息。

三、更隐蔽、高效、更具有生命力的口碑传播

当然，病毒营销也可以是传播口碑，看了 Blendtec 的视频，一般人的最终印象，也会包括"这款搅拌机的质量不错"，而"Hotmail 免费"也会给人留下印象："Hotmail 为客户考虑。"

因此，病毒营销虽然多数情况下传播的是非主观评价的信息，但这类信息仍含有评价的暗示或诱导成分，亦算得上是口碑传播的一种。

但是它更高效、更隐蔽、更具传染力与生命力，关于这一点，我们在后面会谈到。

---

① 调查地点在中国北京清华大学新闻与传播学院，半个小时内，对 10 名走进本学院的人做了该测试。

第三节　病毒营销是蜂鸣营销(Buzz Marketing)吗

一、蜂鸣营销是什么

如果对营销学稍作了解,一定会知道蜂鸣营销(Buzz Marketing)①。

所谓 Buzz,即持续的、欢快的声音,像蜜蜂嗡嗡叫一样。一个能够引起人们议论纷纷的事情,一定非同寻常——这就是蜂鸣营销的特点之一。

和口碑营销一样,蜂鸣营销主要基于人们对于企业产品和服务的直接体验。但是他们更多的是要制造一个刺激"源"(Hook),勾起人们的兴趣,引诱其参与到产品宣传与使用的众说纷纭(蜂鸣)中来,最终实现产品的推销。

耶鲁管理学院的 Dina Mayzlin 教授在一份长达 44 页的学术报告中,将"Buzz"定义为:为了实现新产品在市场上的高可见度和广泛的个人推荐,利用特定人群以口耳相传的方式传播信息的方法。②

因此,蜂鸣营销的另两个特点是:通常用在新产品推荐中;更多地适用特定细分市场。

蜂鸣营销,俗称"口头宣传营销",是传统的"口耳相传"方法在新经济下的创新营销方法。是一种主要通过人们(可以是消费者,也可以是企业的营销人员)向目标受众传播企业产品(或服务)信息而进行的非常廉价的营销方法。

例如,企业雇用临时演员扮演成消费者,是蜂鸣营销最常用、最传统的一种方法。好莱坞制片公司、烟草公司、酒精饮料等公司最先采用了这种营销方法。其原因或是因为受到了广告法的限制,或是产品生命周期过短(影片的放映周期通常只有两周),难以进行完整的广告活动。

为了宣传 T68i 手机,索爱公司曾请了 120 名演员在纽约最热闹的地区扮演成夫妻或情侣,这些演员的任务是,邀请可能成为目标客户的路人拿这款手机为他们拍照,从而达到宣传这款新手机的功能。

----

① 在很多翻译中,Buzz Marketing 通常也被翻译成口碑营销。有一种见解,认为蜂鸣营销与口碑营销类同。本文作者倾向于将蜂鸣营销列为口碑营销中的一种形式。

② Dina Mayzlin:《社交性网络对促销效果的影响》(The Influence of Social Networks on the Effectiveness of Promotional Strategies),2002 年 7 月 17 日,http://www. som. yale. edu/faculty/dm324/soc-networks. pdf.

索爱美国公司战略营销总裁 Nicky Csellak－Claeys 称这次活动为"主动出击接触消费者的广告活动"①。

Majes tic 是一款悬疑恐怖电子游戏，它们曾聘请了一批性感女人去一些酒吧、咖啡馆、快餐店等年轻男性经常出入的场所。她们找年轻男性搭讪，临走时会留下一张纸条写着：请救救我！以及 Majes tic 的客服电话和网址。

经过追踪调查，公司发现，60％ 的年轻男性都拨打了纸条上的电话或登陆了网站。②

这时你又会说，如此看来，病毒营销和蜂鸣营销都是要制造一个事件源头了？不。

病毒营销虽然要制造一起"病原体"，但是这个病原体不一定要是一个刺激性事件。同样以 Hotmail 为例，Hotmail 的链接并不是一件很让人兴奋、觉得愿意分享的东西。如果由发邮件的人自主选择是否将要帮助 Hotmail 告知随着邮件发出去，或许没有几个人会为此举多动动手指。

就像换手机号码一样，很少有人会因为另外一个移动运营商的资费下降而放弃之前用了多年的手机号，因为毕竟要麻烦你所有的朋友重新储存你的手机号是一件扰民的事情。

然而，由于 Hotmail 创造性地（至少在当时是如此）把这个链接强制性地放进了所有由 Hotmail 发出的邮件中，它就成了一个"病原体"。也许没有人会像谈论某个爆炸新闻一样谈论它，但是人们一旦使用该邮件，就仍然成了"被感染者"和"感染者"。

因此，蜂鸣营销和病毒营销的共同特点是：都有一个创意"源头"。病毒营销是"病原体"，蜂鸣营销是"诱饵"。它们的最终目的是制造同传播口碑。

二者靠的都是创意。

但是病毒营销与蜂鸣营销也有不同：

（1）病毒营销的创意，不一定是能够激发人们原始人性的"刺激源"，而有可能是在模式、在传播方式的创新。例如 Hotmail 的营销方式，则是一种传播方式的创新，利用了邮件人际网络。

（2）病毒营销，不如蜂鸣营销那般极度明确地针对特定用户。例如 Blendtec 的例子，放在视频网站上，谁都可以转帖并分享。

（3）因此可以说病毒行销的重点在扩散——制造传染力；而蜂鸣营销的重点

---

① 王卓：《蜂鸣营销——用口头宣传引爆流行》，《成功营销》杂志，2004 年第 3 期。

② 同上。

在引诱——制造吸引力。当然,最成功的病毒营销都是双重的,既有引诱力,又有传染力。

二、病毒营销、蜂鸣营销、口碑营销的关系

病毒营销、蜂鸣营销、口碑营销的关系应该是:

蜂鸣营销∈病毒营销∈口碑营销(见下图)

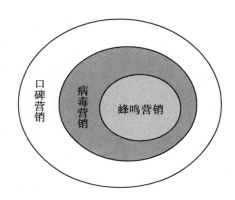

第四节　病毒营销的轮廓

通过上述这两个故事,我们基本描绘出病毒营销的轮廓:

一、触发起点——病原体

所谓病原体,就是用来触发传播的创意。如上所述,这一创意可以是一个内容上的创意,如 Blendtec 里用搅拌机来打碎昂贵精致的电子产品,也有可能是传播模式上的创新,如 Hotmail 里强制嵌入在每一封邮件里的注册链接,也有可能是其他方面的创意。

总之,这些创意使得传播效果包括:

1. 人们由于情感驱动、工作需要驱动、功利需求驱动、或某种无意识行为,主动或被动地把病原体传播扩散。

2. 病原体都暗含了品牌信息,或者是品牌口碑,产品信息的到达率随着病毒的扩散而大大提升。

3. 最终期望是形成口碑,有利于产品形象塑造和销售业绩。

外二篇

病毒营销

二、传播过程（传染过程）

"病毒"的传播源于人们的情感驱动，例如，看见 Blendtec 的视频，觉得太疯狂了，分享给朋友们都看看。或者是其他需求驱动，例如传播 Hotmail 的注册地址，则是人们电子邮件沟通需求下的一个副产品。当然在病毒营销大行其道的时代，还有无数受利益或名望驱动的传播者。

总之，在病毒营销的过程中，人们会主动或被动地传播病原体，一般前者居多。

三、传播效果（传染效果）：开发传播者，扩大传播面

成本低，效果好，被感染者会出于主动或者被动，"前赴后继"地传播内容，从而成为"感染者"。"病毒"的传播过程，同样遵循的是人际传播，但是相比于传统口碑传播，它的传播效率更高。

根据上一章，口碑营销利用了人们"消费信息的传播冲动"，但是病毒营销却充分利用并开拓了人们"分享信息的需求"：一些可能非"消费对象"的人群本意可能不是要为产品做宣传，但是因为他们乐意传播非同寻常的"病原体"，从而也不知不觉地被招安，成为了"传播者中的一员"。

电子商务顾问 Ralph F. Wilson 博士认为，病毒性营销描述的是一种信息传递战略，包括任何刺激个体将营销信息向他人传递、为信息的爆炸和影响的指数级增长创造潜力的方式。这种战略像病毒一样，利用快速复制的方式将信息传向数以千计、数以百万计的受众。①

Ralph F. Wilson 博士没有提到病毒营销的载体，但是，目前看来，唯一能够使得信息的传播实现"指数化增长"的，只有新技术。传统的口耳相传方式下的"口碑传播"，传播速度要比以互联网新媒体为交流平台的"病毒营销"慢得多。换句话说，病毒营销的核心就是构筑成本最低、速度最快、范围最广、可以持续自我运行的数码口碑。

所以，就有了病毒营销的第四个轮廓。

四、传播效率——新科技下"弱联系"被充分利用

在开拓传播群体方面，病毒营销不光是利用了传播内容，同样还利用了传播

---

① Ralph F. Wilson：《病毒营销的六大简单原则》（The Six Simple Principles of Viral Marketing），《今日网络营销》（Web Marketing Today），第 70 期，2000 年 2 月 1 日。

的载体——新媒体社交平台。通过新技术缩小了人际交流的时空距离,提升人际传播的便捷度,从而为人际网络连锁传播"添一把火"。

依赖以新媒体为媒介的人际网络来传播扩散信息,可以说是病毒营销的一大特点,正是这一特征使它将"口碑营销"一章所说的"弱联系"利用到最大程度,展示了品牌营销的最大潜力。

在以后的章节,我们将详细阐释"新科技下的人际网络"。

第二章　　病原体和培养皿

第一节　　病原体：创意

既然是病毒营销，必然要有一个病原体作为触发机制。所谓病原体，即创意病毒。

创意如同强大的病毒，对于流感病毒，人们即使百加预防，也难保不被传染。如上文所说，创意病毒就是在内容中植入了品牌信息，这一内容有足够的传染力与刺激力使受众自发地参与传播，从而顺带将品牌信息传播出去。

如上文述，病原体具有如下基本特征：

一、内容有创意

什么东西能够吸引受众注意力，并且值得其分享：短时间内要么能让其有精神上的收获，要么能让其有利益上的收获，或者其他方面的收获。

所谓精神上的收获，即满足了人们某种心理需求。

所谓利益上的收获，即为其争取了物质价值。

并且这些收获要能超过受众的期望，并且价值要大于受众在这上面投入的注意力、时间以及分享所花费的劳力。

当这一切都符合要求时，分享过程便启动了，植入在创意病毒中的品牌口碑也开始疯狂地传播……

博报堂的贺年卡

日本的博报堂是日本最大的广告代理商之一，他们曾经制造出一个创意病毒，迅速将其口碑传遍全国：寄贺年卡。

博报堂在网络上邀请人们给朋友寄博报堂的贺年卡，贺年卡免费，也免邮资。

说到这里，仿佛这还不是一个很好的创意。寄贺年卡、写祝语太费时间了。

然而,创意之处在于,这可不是普通的贺年卡,大多数人在寄贺年卡的同时,会得到一张乐透的彩票,奖品有自行车、收音机等。而且,如果你寄了贺年卡给朋友,而收件人中奖时,你也可以得到同样的奖品!

这样一种创意病毒,不但给了人精神上的收获——无论是寄贺卡的人还是收到贺卡的人,都有感情上的收获,惊喜,人脉的维系等。而且给了人物质上的收获。是一种二级的奖励。

这个病毒非常成功,在 1998 年,有 25% 的网民进入了日本首发博报堂提供卡片的网站,而博报堂也因为网页上的广告费而赚进了大把大把的钞票。①

什么样的内容是创意呢? 创意应该具有什么元素呢?

（一）稀罕

博报堂的贺卡夹着乐透彩票,这就是很稀罕的事情,也是为什么人们趋之若鹜的原因。

尽管在中国我们没有看到类似的案例,但是比较普遍的是,我们经常在网络上看到"史上""最××"的标题帖,明明知道很恶俗,但是总是让人很想去点击。

旱冰宝宝——法国依云（Evian）矿泉水的可爱广告

2009 年 7 月左右,一段法国依云矿泉水的视频广告在 YouTube 上引起轰动,最开始,是一句提醒"让我们看看依云会给你带来什么效果",伴随着流行说唱团体"糖山帮"（Sugarhill Gang）的 Hip Hop 单曲《说唱者的喜悦》（Rapper's Delight）的音乐声,一群咿咿呀呀、还穿着纸尿裤的可爱宝宝出现,而他们竟然在滑旱冰!

旱冰鞋在他们脚下如飞火轮一般自如。他们忽而跳跃,忽而跳上栅栏,忽而翻跟头,忽而又大跳 Hip Hop,还摆出各种酷酷的姿势,简直比专业 Hip Hop 明星还要酷。

依云轮滑宝宝

① Seth Godin:《行销不过是个喷嚏》,梁曙娟译,台湾蓝鲸出版有限公司,2001 年,第 128 页。

此时依云是什么，人们依然不知道，但是神秘感引起来了，加上看到这一群超人宝宝，问号和惊叹号存乎于心。这可能吗？尽管让人质疑视频的真实性，但是宝宝们惟妙惟肖的动作神情分明就是真人。真是一群罕见的天才宝宝。

到第 33 秒，产品介绍出现，"自然纯净的矿泉水让你青春永驻"。

依云旱冰宝宝—第 33 秒产品……

随后又是一段宝宝旱冰秀，第 49 秒的时候，依云矿泉水终于出现，被摆成旱冰桩让宝宝们绕来绕去。第 52 秒，一个大大的依云矿泉水的特写镜头出现。

依云旱冰宝宝—第 52 秒产品……

仅仅 60 秒，依云矿泉水的图标、产品特色、产品效果就都被宣传出来了。

虽然是一段虚假视频，但是技术带来的真实感非常强烈。让人爱不释手。短短时间内，这段视频点击量就达到 400 万次，更不用说分享和转载了。

在刺激人们分享传播的同时，口碑就在这转载分享的过程中诞生——"能做出这么好的视频，这家企业应该很不错"，"我也去买瓶矿泉水试试，说不定也会变成旱冰宝宝这样的天才又有活力"。

（二）制造悬念

2006 年，中国病毒营销史上一起著名的案例产生——"别针换别墅"。一个叫艾晴晴的女生高调地在网上宣布，要在 100 天的时间里，用别针换到一幢别墅。

艾晴晴的交换行动,由她称之为姐姐的一位远亲全程拍照,记录下这个过程,并且上传到网络中。2006 年 10 月 15 日别针——路人照片——玉佛挂件——手机——珍珠项链——数码相机——邮票小全张——2 瓶五粮液酒——琵琶——琵琶 CD——温碧霞的装饰镜——美国原装海报——《高丽大藏经》——《别针换别墅——艾晴晴画传》图书出版权——恒昌珠宝价格为 128000 元的一只翡翠手镯——广州美美音像有限公司的签约协议书。

这一事件引发了网民的极大兴趣,大家都想看看这个 impossible mission 是否会成功。十多家媒体也加入到报道中,包括凤凰卫视、北京电视台、辽宁电视台、新浪网、千龙网、网易、《北京青年报》、《广州日报》等等。另有转载报道媒体总量 2100 多家。百度"艾晴晴"出现的相关链接就有 292,000 条之多,随之出现的"别针换别墅"字条,更有 423,000 条信息。艾晴晴的新浪博客,100 天的点击量就达到 560 多万。①

别针换别墅

（三）把人们带到幕后

例如我们在前文中提到的央视的春晚传播广告的案例,在后来,网友们疯狂地在网上传播一份不知从何处得来春晚的植入广告收清单。这一来,"他们果然干了坏事!"的心理驱使人们在网上不断地分享和转载这则内容,央视的负面口碑也就传播更广了。

多芬：解密女人"变脸"

联合利华公司旗下的多芬(Dove)美容品牌"真美运动"2007 年推出一个"蜕变"系列网络短片。在这个 1 分多钟的广告中,观众亲眼看见了极其普通的面孔"蜕变"成了美丽天仙,简直就如同电视和室外广告牌上的超级模特。这些"变脸魔术师"就是化妆师、摄影师和 Photoshop 软件。广告最后的字幕写道:"毫无疑问,我们的美感已经被扭曲了。"这个"揭秘"视频既有悬念,又妙趣横生,在吸引眼球的同时,也舒缓了普通公众对自身相貌的自卑心理,"原来美女也是化出来的!"该片刺激了大量地传播,引发了消费者的强烈互动。"这段录像让我对自己的感

---

① 艾晴晴-互动百科,http：//www. hudong. com/wiki/％E8％89％BE％E6％99％B4％E6％99％B4.

觉好了 100 倍！"一位女网民写道。①

多芬变脸 1

多芬变脸 2

（四）做一些极端的事情

凤姐征婚

凤姐本名罗玉凤，1985 年出生，身高 1 米 46，家境贫寒，相貌平庸，出名前是上海家乐福超市的一名收银员。2009 年 11 月，24 岁的凤姐在上海繁华地段发放征婚传单，开出七条苛刻标准："必须是清华或北大毕业生，经济学专业硕士，身高176～183 厘米，未婚帅气男孩……"与此同时，在网络上开始出现帖子《惊爆上海陆家嘴金融中心惊现求婚女》，并配有凤姐照片以及其雷人征婚广告。其后这个帖子开始走红，登上了一些社会论坛首页，随后开始有主流媒体新闻跟进，并出现在各大门户网站的新闻板块。2010 年 1 月 27 日，凤姐高调亮相江苏电视台《人间》栏目，并带出其"前男友"、"闺蜜"以及"现男友"。在这期节目中，凤姐宣称：

"我 9 岁博览群书，20 岁达到顶峰。我现在都是看社会人文类的书，例如《知音》《故事会》……往前推 300 年，往后推 300 年，总共 600 年没有人超过我。"

此语一出，震惊四座，观众愕然。自此，伴随着"信凤姐，得自信"的旋风，凤姐

---

① 康迪：《用有趣创造有效的传播——视频营销中外成功案例》，《Vv－Marketing 成功营销》，2008 年 11 期。

蹿红网络,一发不可收拾。

这是一个非常成功的创意病毒案例。据后来揭秘的材料,网络推手公司针对罗身上具有的"弱势群体"、"相貌平庸"等要素,设计了"高调自信"的策略加以炒作。所谓"高调自信"其实就是一种极端出位的举止言行。凤姐的言谈完全超出社会公认为正常的言行准则,是一种极端的另类行为。而这种出位形象在如今各种媒体疯狂抢眼球的时代,却成了一个吸引人"钩子"(Hook),并因其极端的出位因素成了传染力极强的病毒。凤姐这个创意病毒从推出到现在,经过不同阶段的维护创新,演变成多种病毒版本。凤姐也最终成了时尚娱乐红人,其背后的推手团队也获取可观的经济利益。①

凤姐 1

凤姐 2

（五）给他们一个"英雄"

与提供与社会主流道德风尚逆反的极端例子相对应的,是迎合社会主流道德观,来塑造道德高尚的"英雄"事迹。

"封杀王老吉"

2008年"5·12"汶川大地震后,加多宝集团宣布捐款一个亿。5月19日在互联网上开始出现大量"封杀王老吉"发帖,王老吉为加多宝集团旗下著名品牌。这个帖子引起了被加多宝义举所感动的公众的强烈愤怒,但打开帖子再看,发帖者

---

① 凤姐——百度百科,http://baike.baidu.com/view/984934.htm;《"网络推手"炒作调查:个人花30万元即可走红》,人民网—人民日报,2010年6月7日,http://news.163.com/10/0607/10/68IOIFRF00011229.html.

所指的"封杀"其实是要表达对加多宝的支持，"买光超市的王老吉"。王老吉被塑造成抗震捐款民族企业的代表。在民族品牌同赈灾义举的双重道德情感的刺激下，这个创意病毒被大量传播，在各大论坛均出现类似"今年夏天不喝水，喝水只喝王老吉"的主帖同跟帖。3个小时内百度贴吧关于王老吉的发帖超过14万个。天涯虚拟社区、奇虎、百度贴吧等论坛都有相关发帖。数日后，网上出现了王老吉在一些地方卖断货的传言。网络上数量惊人的讨论、转载和点击量，使这个创意病毒的扩散实现了更大规模的跨越——传染到主流传统媒体。这一事件引起大量传统媒体的关注和跟进报道。先后被三百多家传统媒体报道，在现实社会中形成了巨大的口碑传播。[1]

二、传播模式上的创意

大部分人印象中的病毒营销是依靠内容上的创意，并在内容中进行产品品牌和形象的嵌入。然而，这种病毒营销，很难把产品和病毒结合在一起。例如百度的视频营销《唐伯虎篇》，最多只给人留下了印象——"百度更懂中文"，看过此片的人更多的是因为唐伯虎的搞笑，而希望分享这个视频。

病毒营销的创意，另一方面体现在传播模式，或者说传播途径上的创意。传播模式上的创意，更容易使得产品与病毒相结合。

据说，蒙牛在推出一款高端乳制品时，会采取这样的方式：首先，它会选定高端人群，发送卡片，卡片上写着蒙牛的活动网址，请他们在网上填写朋友的地址和祝福，蒙牛会免费寄过去包装好的一小盒产品，以及另一张卡片。许多人觉得这样的活动非常温馨，给朋友带去了惊喜和关爱。不用自己亲自寄送，非常便捷。

这样的营销，虽然不是全部在互联网上进行，但是它在自我复制病毒方面和病毒营销是类似的。

Erepublik 的病毒营销

Erepublik(www.erepublik.com) 是近两年非常火的一个网页游戏。网友们可以在上面成立自己的共和国，并且进行经营管理，从事各种职业，赚钱，获得国家勋章等等，简直和现实生活中一模一样。

Erepublik 为了让网友更多地来玩游戏，采取了"邀请推荐"的制度，已经进入游戏并且成为 Cityzen 的网友可以邀请朋友来玩，并且受到奖励。

---

[1]　[捐献救助]让王老吉从中国的货架上消失！封杀它！——天涯社区，http：//cache.tianya.cn/publicforum/content/help/1/152802.shtml.

Citizens 发送邀请的条件是到达［DL│Experience points│5 级（即最少 15 点经验）］。

默认情况下，推广人的名字是自动填写进去的，但是可以自行随意修改。Email 地址的文本框中，你可以自行填写要推荐的朋友的邮件地址，也可以让系统从你的 Yahoo!、Gmail、MSN 或者 AOL account 地址簿自动读取。

每一个推荐来的朋友到达 6 级时，推荐人将获得 5 gold。另外，每推荐 10 个人到达 6 级，推荐人将获得 Society Builder 成就。

你也可以通过分发你的推荐连接来邀请朋友。推荐连接可以在菜单：社区－－＞Invite friends 页面找到。①

在菜单：社区—＞Invite friends 页面，你也可以进入状态跟踪页面，查看你邀请来的朋友清单和他们当前的状态信息。

Erepublik 的邀请推荐制度

第二节　病原体的培养皿：互联网、移动互联网、网民

广播花了 40 年才到达 1000 万用户，电视花了 15 年，网景花了 3 年，而 Hotmail 只花了 1 年，Blendtec 更绝，靠着几个成本极低的视频，在几个月之内实现了品牌的渗透，并且渗透效果迅速地呈现在了销售上面。

互联网，使得创意的传播实现了"高效率"，可以说网络是为病毒营销培养病原体的培养皿。

网络这个培养皿具有如下的特点。

（一）受众：营销的受众面更广，天文数量

（二）群组

1. 直观化：在线下社会中，群组是不清晰的，不容易发现的。而网络将人们

---

① Erepublic－维基百科，http：//wiki. erepublik. com/index. php/Invite-friends/％E4％B8％AD％E6％96％87％28％E7％AE％80％E4％BD％93％29.

的不同群组清楚地显示出来；

2. 更细化的群组：垂直化网站的出现，自动对用户进行了分组。用户更加多元化、破碎化、精准化；

3. 跨群组：网页登陆的随意性，也打破了群组之间的阻隔，一个汽车爱好者，如果要进入一个游戏论坛看看，没有人会阻拦他。

（三）信息传播

1. 瞬间的传播速度；

2. 超越空间限制，达到全国甚至全球性的覆盖面；

3. 频繁便捷的互动交流；

4. 低成本高效率的信息复制与传播；

5. 多媒体的信息形式：视频、音频、文字、图片；

6. 各种信息媒介的融合：电脑、手机、互联网、电视、收音机、书籍、报纸整合在一起，构成一个微观的新媒体环境。一个互联网上的打折券，可以下载到手机里，而手机的功能，又能把这张打折券传送到朋友的手机上。

（四）使用者的痴迷性（黏附性）：很多人，特别是青少年对网络使用会上瘾

第三节　培养皿带来了传播要素的变化

一、受众：注意力更不集中、主动性更强、选择权更多、更挑剔

根据以上特点，可以知道，在病毒营销的网络里，受众具有如下特点：

（一）主动性更强、选择权更多

互联网带来了信息的自由流动，信息的自由流动带来了资讯的爆炸——这已是一个不争的事实。一个经典的数据是：今天的一份《纽约时代》所涵盖的信息量比 17 世纪一个普通英国人一生经历的还多；可用的资讯平均每四年就增加一倍。[1]

中国的新闻网站之一——南方网[2]，每天发布 800 多条新闻。最大的门户网

---

① 这是 2009 年南京市中考上的一篇阅读文章。
② 《南方日报》报业集团主办的大型新闻网站。

站新浪网①每天编发的新闻更是数以万计。而一份日报,一天的新闻不过几十条。

一个学新闻专业的学生说,他每天的空闲时间,平均有 3 个小时是泡在网上的。首先,他要花 30～40 分钟来看看今天的新闻,掌握一天的新闻动态,"做新闻一定不能比别人晚知道新闻信息,"他说。

为表示自己掌握信息的优势能力,他说,在看到一条爆炸新闻第一时间传出来时,他还会把新闻转载到自己的"人人网"、"新浪微博"、"飞信"、"QQ"等 SNS 网站和即时通讯软件上的个人签名档上,以供朋友们观瞻。

这便是资讯爆炸的另一个原因——个人信息的分享过度。在 Facebook 风靡全球年轻人的时候,中国版 Facebook"人人网"也几乎降服了所有大学生。许多学生打开电脑后的第一件事就是打开"人人网"、"开心网"等交友页面,即便在敲键盘做论文的时候,也每隔半小时就上去看看朋友们的状态更新。

(二)注意力无法长期集中

在清华大学"水木版"上,但凡出现了一个稍长一点的帖子,底下必有人回复"求摘要"。

因此,在资讯爆炸的年代,人们的资讯越来越丰富,注意力也越来越难集中,信息的选择权越来越多,但是信息的学习程度上,却越来越懒惰。

尽管可能是一种纵容,但是,病毒营销的病原体也在依循着网络时代受众的特性,在进行着自我塑造——越简洁、越不用思考、越能在瞬间"钩"住眼球的创意,越容易被营销。

二、中枢:每一个中枢的弱联系增多

在口碑营销一章里,我们谈到分隔理论中的"弱网络",即可能互相不认识的人中间,被共同的数个中枢(朋友)连接,由此实现口碑的跳跃传播。就像 Ralph F. Wilson 说的那样,一滴水进入了池塘,激起一连串的涟漪。一个经过仔细策划的病毒营销策略聚集了可将涟漪传播到很远,甚至推波助澜的创意能量。②

根据社会科学家的理论,每一个人都有一个 8～12 人的亲密小社交圈,包括朋友、家人和同事。在此之外,还有一个更大的社交网络,可以扩展到几百人甚至

---

① 新浪网 www. sina. com.

② Ralph F. Wilson:《病毒营销的六大简单原则》(*The Six Simple Principles of Viral Marketing*),《今日网络营销》(*Web Marketing Today*),第 70 期,2000 年 2 月 1 日。

上千人。如果将一个信息投放在这样的传播网络中，就有可能会迅速扩散。①

在互联网时代，或许应当对六度分隔理论进行重新测试，极有可能这一著名的理论会更名为"四度分隔"——因为互联网使得大量的弱联系得以浮现。

笔者之一在"人人网"注册有账号，几乎每隔一两天，都会有不认识的人来加我为好友，一旦被加为好友，他们将看见我所更新的所有的状态，以及发表的日志，包括我从他人处分享到的内容。

而这些，在没有互联网社交媒介之前，都必须是和我同在一个生活圈中的人才可以了解。我的三度外朋友，和朋友的三度外朋友，几乎是八竿子打不着，连知道都没可能，更不用说有联系了。

所以，通过新媒介技术——社交媒介（Social Media），人与人之间六度联系中，外圈的那些超级弱的联系在时空与情感的三维上被拉近了，放大了，联系加快了。

更多的弱联系的浮现，使得普通中枢的影响力大大加强。"互联网突然将原先在观众席上的前 20 排人摆上舞台。"矽谷一家公关公司 NRW 的总裁爱德·尼豪斯（Ed Niehaus）说。

假如一个意见领袖的衡量标准是"其言论能够影响到 1000 个人"，那么在互联网上，这一目标可以轻易地实现。许多工具帮助人们实现了这一影响力。

（一）分享工具

在校内网上，倘若你有 100 个好友，则每篇日志将有 100 个好友能看到，而倘若这其中有个好友分享了你的日志，那么他的所有朋友则都能看到你的日志。所以，在互联网上，一旦被分享或者转载，受众面将急剧扩大。

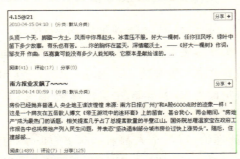

——篇被分享的日志和一篇……

---

① 苏珊·赖斯·林肯（Susan Rice Lincoln）：《掌握 Web 2.0——使用关键网站和社交媒体工具改变您的生意》（*Mastering Web 2.0——Transform your business using key website and social media tools*），Kogan Page 出版社，2009 年。

如上文所说,在许多博客、论坛等网站上,都设置有各种分享按钮,赋予看客权利,把所喜欢的内容分享到不同的地方去。这种简单便捷的分享使信息的传播几乎达到了零成本的程度。

☑ ★ 本地收藏夹(id:0)	☑ 8 谷歌书签(id:1)	☑ M Gmail(id:31)
☑ 人人网(id:22)	☑ 开心网(id:23)	☑ 新浪微博(id:28)
☑ 搜狐·白(id:24)	☑ 嘀咕(id:35)	☑ 做啥(id:29)
☑ 豆瓣/九点(id:21)	☑ 人间(id:38)	☑ 淘江湖(id:36)
☑ 百度搜藏(id:2)	☑ 雅虎收藏(id:3)	☑ QQ书签(id:4)
☑ 百度空间(id:39)	☑ 有道(id:41)	☐ 同学微博(id:32)
☐ 51社区(id:37)	☐ Hotmail(id:40)	☐ 新浪ViVi(id:5)
☐ 微软Live(id:11)	☐ Buzz(id:30)	☐ 鲜果(id:27)
☐ 和讯网摘(id:12)	☐ Mister-Wong(id:14)	☐ Diglog(id:16)
☐ 挖客(id:10)	☐ 乐收(id:19)	☐ 5享网(id:33)
☐ POCO(id:20)	☐ 115收藏(id:25)	☐ 生成pdf(id:34)
☐ 打印(id:888)	☐ Delicious(id:71)	☐ Digg(id:72)
☐ Facebook(id:73)	☐ Twitter(id:74)	☐ Reddit(id:75)
☐ Myspace(id:76)		

各种分享按钮

（二）置顶、加精、推首页

在一个论坛里,如果一个话题被置顶(放在一个论坛页面的最顶端,好让大家在首屏就能看见),或者加精(设置成精华帖),被浏览量将大大增加。门户网站、版主、星号会员,他们可以看做议题的重置者,有权利将信息放到一个非常显著的中枢位置。例如一篇博客的阅读量可能只有1000多人,然而一旦被一个网站置顶到首页,例如首页日均浏览量达到1.4亿的新浪网,这一传播效果将成爆炸式增长。

（三）群发

电子邮件、QQ群、手机短信等都有群发功能,可以在瞬间实现点对面的大面积传播。电子邮件行销(E-mail Marketing),已经是全球最广泛使用的一种网路促销方式。电邮营销比传统邮寄广告更快、更省钱且更有效。据美国网路市场研究机构Gartner的调查,电邮营销只需要7~10个工作日就可完成,但是邮寄广告需要4~6个星期;电邮营销每1000个地址的成本是5~7美元,而邮寄广告每千个地址成本为500~700美元。①

（四）自动回复、自动通知、转发信息

网络上的大量信息的升成,传播与复制是通过技术手段自动进行的。你在人人网上刚刚上传了一篇自己的欧洲游记,即时你的所有分享朋友都被通知到了。

---

① 林豪锵,曹修源,Ian Phau:《网路行销》,台湾旗标出版股份有限公司,2002年。

郎咸平教授刚发了一篇博客，众多粉丝们马上就蜂拥而来。你在当当网定购了一本烹饪的书，以后你就经常收到同类书籍的出版信息。不用费心，网络系统自动执行了通知的功能。更不用说那些让人们不胜其烦、不堪其扰的电子垃圾信息、行骗广告。相信每个人都收到过这样一个电邮，自称是非洲某首脑/酋长/大亨的遗孀，有笔天文数字的巨款取不出来，等着你去分享……

以上这些，无非是想说明，互联网给人际交流网络插上了翅膀，由此才为病毒式的高速传播带来了可能。

三、营销途径的变化

寻找意见领袖更加容易

口碑营销中，我们谈到许多口碑营销活动都是借助在现实的公共场合中的口碑传播实现的，然而，由于病毒营销以互联网为基础，相当于把公共场合转移到了互联网上，于是意见领袖的数目与性质都发生了变化，在人际口碑传播中要寻找或培养意见领袖，工作量大，成本高，而病毒营销中几乎足不出户，以极低的成本就可以完成了。

首先，强大的搜索引擎可以在几分钟之内锁定在某一领域最受关注的意见领袖。其次，对意见领袖人数的要求减少了。在没有实行实名制的环境下，一个意见领袖，可以套5个马甲，就可以相当于5个意见领袖来使用。

在线下营销中，口碑营销在选择意见领袖时，需要寻找群组中中枢人士，例如，如果要推销一种药品，医生当中较为喜欢参加各种业内会议，喜欢在业内刊物上发表文章的，会被作为意见领袖挑选出来作为新药的推销者。若想大面积推广某个产品，需要使用很多的意见领袖。这样的运作费时费力，成本也很高。

而在互联网上，由于互联网的内容发布的意见领袖增多，而且培养意见领袖更加容易（见本书"网络推手"章节），只要建立一支强大的"推手"水军，可以基本上随心所欲地制造、捧红"意见领袖"。据报道，网络水军已经是业界的公开秘密，发帖公司像包工队，包工头等于水军头，接单分发，赚差价。一般推手公司，手中都会有上千人的水军。"手中没有几千水军，你都不好意思做这一行。"有业内人士如是说。① 这样的运作也不需要培养很多的意见领袖，只要雇用几个能干的"写手"，专门负责写"内容"——各种套式的"捧杀"文章，再把写好的内容发给水军

---

① 《人民日报》连发三文谈网络推手，《人民日报》，2010年6月9日。

头,再由他们指挥各路水军套上各种各样的"马甲"投放出去。所以,在互联网上制造意见领袖的成本会降低很多。

群组之间的阻隔在互联网上消失

口碑营销一章中,我们谈到,线下口碑的流动,总是很容易在群组与群组之间被阻隔,需要寻找身处两个群组的中枢人物来打破阻隔。

但是在互联网上,群组更加直观,也更加细化。打破群组间隔可以很容易地实现。例如,在 Google 上搜索"医药网址大全",可以得到 1,630,000 个搜索结果,点击进入这些搜索结果,就相当于进入了这些群组。在若干群组注册了网名,就可以成功地实现跨群组的信息交流,完全不需要身跨两个群组之间的中枢人物来扩大传播网络。

此外,在互联网上,群组划分精细。例如在清华的水木 BBS 上,可以看到类别分明的讨论区,而每个讨论区中间又有不同的板块。

水木社区 → 新分类讨论区

#	讨论区名称	类别	中文描述	版主	篇数	在线
	回到上一级					
1	Bond	[财经]	债券和固定收益理财	luisee	8513	33
2	CreditCard	[财经]	信用卡理财	teaair	24059	50
3	Fund	[财经]	基金理财	KingKill	13202	44
4	Futures	[财经]	期货	skylooper	8741	26
5	GlobalStocks	[财经]	全球股市	fengyun	29737	2
6	GOLD	[财经]	黄金投资	awaiting	33035	12
7	Insurance	[财经]	保险面面观	rentianyue	4321	4
8	MyWallet	[财经]	金融产品及个人理财	Rufev	42910	38
9	OurEstate	[信息]	二手房交流	magicring	18363	199
10	RealEstate	[财经]	房地产论坛	OXread	20426	400
11	RealEstate_review	[附属]	房产观涮	OXread	6801	75
12	SMIF	[财经]	水木国际基金	LiYaWing	71479	76
13	Stock	[财经]	股市	wangcs	80869	366
14	StockAnalysis	[财经]	股票研究	wangcs	32367	30
15	Warrant	[财经]	权证	daqingting	10350	14

水木 BBS 上的群组大类

水木社区 → 新分类讨论区

#	讨论区名称	类别	中文描述	版主	篇数	在线
	回到上一级					
1	Bond	[财经]	债券和固定收益理财	luisee	8513	33
2	CreditCard	[财经]	信用卡理财	teaair	24059	50
3	Fund	[财经]	基金理财	KingKill	13202	44
4	Futures	[财经]	期货	skylooper	8741	26
5	GlobalStocks	[财经]	全球股市	fengyun	29737	2
6	GOLD	[财经]	黄金投资	awaiting	33035	12
7	Insurance	[财经]	保险面面观	rentianyue	4321	4
8	MyWallet	[财经]	金融产品及个人理财	Rufev	42910	38
9	OurEstate	[信息]	二手房交流	magicring	18363	199
10	RealEstate	[财经]	房地产论坛	OXread	20426	400
11	RealEstate_review	[附属]	房产观涮	OXread	6801	75
12	SMIF	[财经]	水木国际基金	LiYaWing	71479	76
13	Stock	[财经]	股市	wangcs	80869	366
14	StockAnalysis	[财经]	股票研究	wangcs	32367	30
15	Warrant	[财经]	权证	daqingting	10350	14

一篇被分享的日志和一篇……

可以说,群组界线的打破,得益于互联网的搜索功能。而网民的兴趣带来的自我归类,又使得群组的划分越来越精细。

基于上述几点,互联网打破了传播阻隔,从而使意见领袖的培养更加容易,这也为传播速度病毒化提供奠定了基础。

四、干扰式营销愈加衰退

互联网的出现后，也产生了一系列的干扰式营销。例如：横幅广告、按钮广告、页面悬浮广告、弹出式广告。

尽管这些营销形式是出现在新型的传播载体——互联网上，但是这些营销手段也仍然如线下的电视广告一样，属于干扰式营销。由于电脑的个人性，这种电脑屏幕上的干扰式广告比电视上的还要惹人厌烦。很多人将浏览器设置成拦截弹出窗口来抵制干扰广告。无论是普通的，还是奇异的广告，其实都很容易被用户忽略，其广告效果很令人怀疑。美国的横幅广告（Banner）的点击率，20世纪90年代尚有40％，到21世纪初，就只剩下0.3％～0.5％了。① 尽管后来采取了按page view来对横幅广告（Banner）进行收费的方式，却也不能证明，用户在浏览页面的时候能否关注到网页广告，更无法证明，用户的购买行为有多少是和看这些干扰式广告是有联系的。网络媒体上干扰式营销方式的无奈，反衬出病毒营销的效力。

五、产品与病毒的结合更难

2010年5月27日上海世博会，荷兰馆出口处的一个告示写着："对不起，今天我们不提供盖章。印章部分损坏和被盗。我们暂时还没有收到世博局提供的新印章。"丹麦馆和意大利馆当夜均停止盖章。

盖章——这是在世博园各个场馆里游玩会看见的一大特色。世博会给每个游客发一个"世博园护照"，参观每一个场馆，游客们都能得到一个章。由于较有纪念意义，有的游客一人买数本"护照"，他们排队进入场馆，不是为了看馆内展览，而是为了等待盖章。

世博—章鱼章

世博盖章

① 学军：《网上广告何以热而不火》，《电子商务》杂志，2001年第6期。

世博园客流量达到日均 30 万人，场馆工作人员平均每分钟要敲章 30 个。

"记者在淘宝网上看到，一般一本盖有 40～50 个章（买家可以指定除中国馆外的 5 个馆章）的护照可以卖到 300 元。而一本盖有 200 个国家馆章的世博护照在网上卖到 3888 元。昨天早晨 9 点，记者在英国馆外排队等候时，一群手拿多本世博护照的人跑来排队。他们自称是专门来盖章的，并不参观。记者问其盖那么多章干什么用，这些人笑而不答。"①

如果我们把世博看成产品，把盖章活动看成一种病毒。人们为了"盖章"而去参观更多的场馆，因此，世博园是非常成功一出"产品＋病毒"的案例。

世博盖章图

当然，这里的病毒没能很好地体现个体之间的"传染"，但是在线下，是较为容易实现产品与病毒的结合的。例如玩溜溜球，当玩溜溜球成为儿童中的一种时尚，一种身份的象征，那么不管这个孩子会不会玩，爱不爱玩，看到别人玩，他都要买一个了。

"产品与病毒"的结合，可以说是病毒营销的最高境界，因为它同时实现了品牌、口碑、购买行为在同一时间到达客户，尤其是实现了"销售"这一最终目的。

尽管我们说病毒营销是基于互联网的一种能够高速传播的口碑营销，但是，相比于线下，在互联网上要实现产品与病毒的结合较为困难，除非是一些电子产品或者电子服务，例如博报堂的贺年卡和乐透彩票。

互联网的病毒传播，很难成功地将产品与病毒结合起来，例如：Blendtec 的视频尽管传播效果很好，但是不意味着人们看到了视频，同时就对产品下了单。

---

① 李晨：《世博会多个国家馆停止盖章纪念服务》，《北京青年报》，2010 年 5 月 27 日。

由于病毒营销时，人们无法亲身体验实体产品，因此在病毒营销中更多的是传播口碑和产品形象，也就是说，在病毒营销中，创意的营销核心不是实物产品，而是概念产品。就像我们在"网络推手"章节中介绍的，利用病毒营销来推红某个人、某个概念、某个品牌可能更有可观的效果。在前述的王老吉案例中，创意病毒的重点并不是在王老吉饮料的质量、口味上，而是专注在这一品牌的慈善精神、民族道德上。将支持这种精神与"买光超市的王老吉"的购买行为巧妙地挂上了钩，特别是在"5·12"大地震的国殇背景下，在社会中形成了巨大的口碑效应。

六、社交欲望被大大激发——校内网、博客、开心网人气放松

上文中，我们提到有大量人气的"人人网"。病毒营销之所以能够在互联网时代大行其道，是因为互联网使得人类社会进入"分享"时代。

正如口碑营销中所提及的，对"认同感"、"信息优势"的需求，促使人们去传递信息。而随着"分享"、"复制与粘贴"功能的普及，人们被赋予更多的便利去传播信息，从而大大激发人们的社交欲望。

因此，社交网站成了许多产品进行病毒营销的目标市场。不仅产品，大量明星也都纷纷在社交网站上设立自己的公共页面。一旦他们对自己的状态进行更新，就引发一轮链式传播，社交网站上关注他们的粉丝们，就会以最快的速度大量复制转载扩散这些更新的信息，从而帮助这些公共页面进行病毒营销。[1]

在人人网设置公共页面的……

联想斑马人和开心牧场

联想为了推广其 Ideapad U 系列笔记本电脑，设计了一个斑马人，作为其形象

---

[1] 在人人网设置公共页面的公司达到 30 家，明星达到 305 人，机构媒体达到 55 家，影剧动漫达到 117 家。

代言,并且以漫画形象植入开心网的牧场,在开心牧场里,联想斑马做很多事,会时不时发出类似"生活看起来都一样,其实每天各有各样"之类的慨叹,偶尔也抬抬眼皮侧目看看主人或来访者,偶尔还会趴在地上佯装斑马线,让小朋友安全地"踩我过马路"。

联想为斑马人设计了一段非常受白领欢迎的独白:"我的梦想,是走遍喜欢的城市,把各地美景和美食与所有的好友分享。为了实现梦想,我成为 city walker,在追逐梦想的道路上 Keep going!……"

而斑马也被设计具有互动性:开心网的用户们可以领养斑马,并且把斑马派到好友家完成任务,"偷菜"、"跳踢踏舞"等。每次光临好友家,斑马都会为他带来一次幸运抽奖机会。

为了体现该款"city walker"的宗旨,主办方特意把斑马们设计成只能被领养5天,离开时留下一封情意绵绵的离别信:"轻轻的,我要走了,你放心,我不会带走一根牧草……"①

为了慰藉那些失去斑马的主人,开心网建立了斑马人账户,收录斑马语录、斑马照片以及透露着浓郁黑白哲学的斑马日记。在没有任何推广资源的情况下,伴随着斑马在牧场的植入,截至 2010 年 4 月,累计领养斑马的人次达到 87,320,074 人,领养斑马的独立用户数达到 46,108,940 人,斑马人账户粉丝数 133,429,014 人。②

开心网斑马人

七、进入读图和读题时代

上文说过,互联网带来了资讯爆炸,使得受众更多选择权、更懒、对信息更挑

---

① 《开心网经典 SNS 营销案例赏析》,《市场观察》,2010 年 3 月。
② 《联想 U 350/450:上市推广网络整合营销》,艾瑞网,http://case.iresearchad.com/html/201004/2003370213.shtml.

剔。也使得文字时代进入了"读题"和"读图"时代。

一个新闻网站，一天能够更新上千上万条新闻。受众在有限的时间里，只能够通过浏览一下新闻标题，才能迅速掌握一天发生了什么事情。79％的网民不是阅读而是扫描网上内容。[①] 据 2009 年 3 月的统计，美国网民该月平均每人访问了 111 网站，点击了 2554 个网页，每页平均停留时间只有 56 秒。[②]

因此，眼球争夺战的关键在于标题是否吸引人，标题放在网页的什么位置，这些都决定了受众会不会去点击。

即使点击之后，几乎很少有受众会坚持看完全部的内容。要取得传播的效果，具象化的图片和视频通常要胜过文字（当然前提是下载速度要与文字同样快）。

所以，大部分创意病毒，如果走"内容创意"风格，就采用视频内容，或者图片内容。

百度"唐伯虎"：中国最早成功的视频营销[③]

2005 年，百度制作了一个"我知道你不知道我知道你不知道我知道你不知道"的"唐伯虎"视频宣传片，是中国非常有名的早期视频营销案例之一。

视频短片，主角看上去是一个周星驰版的唐伯虎，利用中国经典断句难题"我知道你不知道我知道你不知道我知道你不知道"，狠狠地嘲弄了那个只晓得"我知道"的老外，最后把老外的女朋友都勾到了手边，尼姑也动了凡心。最终老外吐血倒地，一行大字打出：百度，更懂中文。

但这段视频流传得很广，当时主要的传播渠道是通过 BBS。

百度视频营销之唐伯虎篇

这段视频的制作目的是：嘲弄 Google，突出百度的中文特色。

由于制作不是很精良，短片画面模糊。一些百度员工发电子邮件给朋友和一些小网站挂出链接开始，只用了一个月，就在网络上至少超过 10 万个下载或观赏点。至 2005 年 12 月，已经有近 2000 万人观看并传播了此片（还不包括邮件及

---

① 尼尔森数据：http：//www.useit.com/alertbox/9710a.html.

② 尼尔森 2009 年 3 月互联网使用统计，http：//www.marketingcharts.com/interactive/average-american — surfed — 2554 — pages-in-march-8743/nielsen-online-average-internet-usage-march-2009jpg/.

③ 百度"唐伯虎"，http：//www.youtube.com/watch? v＝PHvyeIQ4EDM.

QQ、MSN 的传播)①,其病毒效应是传统的电视广告无法比拟的。

八、病毒生命周期更短

上文已经说过,互联网带来的资讯爆炸使得受众的注意力更加短暂、更加不集中。因此,病毒的生命周期会相对于线下的传播热潮更加短暂。

这就要求一个产品的病毒营销要注意维护其生命力,在不同的阶段通过人为的方式持续地刺激病毒的再传播。

具体例子,请参见"网络推手"一章中"S 药"在不同周期中的病毒制作。

第四节　培养皿带来了传播执行的变化

由于以上要素的新特点,病毒营销在执行上更具有特点:

一、形式更加多样:论坛、QQ、视频、短信、邮件

基于互联网,病毒营销可以采取很多形式进行。

（一）通讯服务类

所谓通讯服务类,即给用户提供便捷的通讯工具,例如 ICQ、QQ、UC 等免费的即时通讯工具,还有 Hotmail、Gmail 等免费 Email。

当用户圈逐渐扩大形成规模,则可以进行病毒营销。

QQ 上的病毒营销

中国最大的即时通讯工具"腾讯 QQ",现有注册用户达到 10 亿,2010 年 3 月 5 日,同时在线人数突破 1 亿。QQ 不仅能有单人聊天界面,同时有多人聊天界面,也能够实现信息的群发,所以通过这类软件发送信息是大面积传播的最便捷途径。

一个 QQ 用户通常会加到许多的 QQ

一个有 54 个人的 QQ 群,发……

---

① 　康迪:《用有趣创造有效的传播——视频营销中外成功案例》,《成功营销》,2008 年 11 期。

群，因此，利用通讯软件这类病毒营销通常会利用大众情感，促使人们打破 QQ 群组之间的阻隔去转发这些"病原体"。

2009 年，许多 QQ 群上出现了这么一条消息，要求大家转发：

"使用电脑的朋友注意了啊：具体时间是从 20 号开始！！！如果大家在使用电脑的时候系统提示你所使用的微软产品是盗版软件等等，而且还会在右下角出现蓝色的小星星～～这是因为：由于美国最近要针对中国上诉 WTO 知识产权保护问题，微软正在为美国政府搜集相关证据，在最近自动更新中包含检测盗版副本程序，为了咱中国利益，请大家不要开启自动更新。如果起诉成功，中国将要赔款几百亿。已经开启当提示要你安装'正版增值计划'请别安装！安装后会在任务栏右下角出现一个蓝色五角星符号！这样就会被微软追踪锁定，以向美国政府提供证据！请大家转到其他群上，谢谢大家的转发！因为这个直接影响所有中国电脑用户的利益！

提醒大家，以后去麦当劳、肯德基一定要记得要发票。麦当劳、肯德基每年在中国因为我们不习惯要发票的原因而掠走将近 2 亿的税收，把这条信息完好（不加任何修改）发至其他的群！

是中国人的就转发一下累不了你！！！"

这一条消息不能算营销，但是可以算是针对外资品牌进行的"反营销"，因为主题拔高、逻辑清晰，既有怂恿性，又利益攸关，所以还是挺诱惑人的，笔者的 7 个 QQ 群里有 5 个群都有人转发了这条信息。

视频：本田雅阁的多米诺游戏①

本田新雅阁刚在欧美上市时，曾制作了一段"汽车零件式多米诺骨牌"的网络短片，把本田雅阁所有的汽车零件拼成一个多米诺骨牌，其中包括自动感应式雨刷等新增装置。

零件们一个个被推动，最后才露出本田新雅阁的真面目，制作精良，视觉效果惊人。短片迅速吸引了 5500 万网民观看，每天进入丰田官方网站下载影片的流量达到 8 万人次。②

---

① 本田雅阁视频，http：//www.youtube.com/watch？v＝n7ejZzMR8Dg.
② 康迪：《用有趣创造有效的传播——视频营销中外成功案例》，《成功营销》，2008 年 11 期。

本田雅阁的视频广告

邮件：必胜客的邮件病毒

病毒性营销最经典的案例乃必胜客。

为了吸引顾客，推广品牌，最早由台湾的必胜客发起了"吃垮必胜客"的网络营销活动。

活动针对一款自助沙拉，必胜客每次给顾客一个碗，只允许盛一次，你能盛多少就盛多少。但是碗很小，所以，顾客们都想知道怎么样才能尽量多地装沙拉。必胜客发起这个活动，本身就很吸引人。

在必胜客制造的邮件中，教顾客如何堆更多的水果，即利用胡萝卜条、黄瓜片和菠萝块搭建更宽的碗边，可以堆 15 层！

收到这封邮件后，很多网友都将其转发给自己身边的朋友，并且自然而然，他们去必胜客一试身手的欲望也被激发。

有一位网友这样在网上留言："我当时马上把邮件转发给我爱人了，并约好了去必胜客一试身手。到了必胜客，我们立即要了一份自助沙拉，并马上开始按照邮件里介绍的方法盛取沙拉。努力了几次，终于发现盛沙拉用的夹子太大，做不了那么精细的搭建工艺，最多也就搭 2～3 层，不可能搭到 15 层。"[1]。

必胜客却通过诱惑一个个消费者，以及网友自发地网上传递，不但没有被"吃垮"，利润反而

吃垮必胜客

---

①　白玫，林云，张连永：《借力营销的典范：病毒性营销》，《商场现代化》，2007 年 34 期。

大大地上升了。

必胜客通过这种精心制作的、具有强大感染力的"病原体"，通过用户的口碑宣传网络，利用病毒传播原理，快速复制、扩散开来。[①]

（二）优惠服务类：转发在线优惠券、转发商品信息短信等

一群年轻人在三里屯的一家云南餐馆吃饭。结账时他们问服务员："打折吗？"服务员说："可以，但是得有打折券。"年轻人说："打折券？ 稍等一会。"半小时后，他们给服务员看了打折券，顺利地打到了八折。

他们只不过请朋友转发了一张打折券过来。

这是病毒营销的另外一种形式，以优惠券的形式吸引用户转发商业信息。

现在，很多商家通过电子券的方式来进行病毒营销。

更多的电子产品通过此种方式进行病毒营销。例如一些免费的在线查询软件（域名查询、邮政编码查询、手机号码属地查询、IP属地查询、评价软件等等）。

二、更加注重互动

上文已经提到，由于互联网提供大量的资讯，因此，病毒营销更加善于引导用户使用其选择权，所用的方法即通过互动集中注意力，调动其选择的欲望。

汉堡王的小鸡

汉堡王（Burger King）是美国著名的快餐连锁店，2005年为了推广新的鸡块快餐，他们推出了一款视频互动线上游戏——"听话的小鸡"。

这个互动广告极为简单：页面上站立着一个人形小鸡，下面有一个输入栏，只要输入一个单词时，视频窗口里的小鸡，就会做出相应的动作，比如输入"Run"（跑），小鸡就会扬起翅膀，在屋子里疯跑一气，而当输入的单词无法用肢体语言表达的时候，小鸡就会做出表示不解的动作。

这只小鸡在概念上也体现了这一款新产品的宗旨："Have it your way"（我选我味）。

在页面下端，也有四个按钮，其中一个按钮是"Photo"（图片），也就是收藏了一些小鸡的照片。另一个按钮是"Chicken's Mask"（小鸡面具），这个按钮提供了一个可以制作成小鸡面具的图像，还有一个按钮是"Tell A Friend"（通知好友），可以发邮件把这个网址告知给朋友。最后一个按钮才是直接链接到汉堡王网站。

---

① 白玫，林云，张连永：《借力营销的典范：病毒性营销》，《商场现代化》，2007年第34期。

在传播方式上,起初只是让 20 多位人员把网址通知各自的朋友圈,启动后一周内,点击量达到了 1500～2000 万次,平均每次访问逗留时间长达 6 分钟。而很多访问了这个网站的网民,也顺便会点击下面几个按钮,直接进入汉堡王的网站,浏览到最新的鸡块汉堡快餐促销信息。①

汉堡王小鸡

汉堡王通过这个成功的病毒营销事件,让自己的新产品鸡块汉堡快餐获得了巨大的成功,据调查,至少有 1/10 曾经浏览过这个网站的网民,都去享用了汉堡王的鸡块快餐,这是一个实实在在地通过病毒营销实现促销的创新传播案例。

三、传播方式更方便、更无代价

相比于线下的口碑营销,病毒营销更快捷。有时候就是一个拷贝与粘贴,有时候是点击一个分享按钮,完全无需像线下的口碑营销一样,需要花时间与精力进行面对面的交流。

糯米网——便捷的下单流程

"糯米网"是一个团购主题网站,2010 年 6 月 23 日正式上线,第一天,他们将一个电影组合套装产品卖出了 15 万件,在事先几乎没有投放任何广告的情况下。

产品是这样一个组合:以 40 元的价格,消费者可以获得:成龙耀莱国际影城电影票 2 张＋可乐 2 杯＋进口爆米花 1 份＋哈根达斯冰激凌球 1 个,比正常购买的价格要低 136 元。

① 嘉宝:《"听话小鸡"让消费者成为传播中的一环》,《现代营销 经营版》,2009 年第 10 期。

本身的性价比非常吸引人。

同时，在用户界面、下单流程的设计上，糯米网也做得很优秀。

首先，用户界面外观设计突出主题，消费者点击宣传链接进入页面后，首屏就是一个吸引人的推广内容。

糯米网用户界面设计

其次，下单流程简单明确，不给消费者设置障碍和离开的理由，同时明确位置表明网站可信度。

糯米网下单流程

再次，产品的运送方式非常简单。只需点击下载，即可得到图片兑换券或者短信兑换券，以最简单、迅速的方式让消费者收到货物。①

糯米网产品运送方式

---

① 校内网 http://blog.renren.com/share/240080932/2581600224.

第三章 如何执行

第一节 病原体：如何制造创意

当你在设计如何制造一个病毒时，思考一下：你要推广的东西最好、最特别的地方是什么？怎么才可以让它成为一个被人们广泛传播的口碑呢？

如果你准备开始传播病毒，而市场却被占满了，找不到空隙，你的产品应该比在空隙中的竞争者好上数十倍，否则将毫无胜算。

一、什么样的内容创意更具有卖点

（一）"纪念性"与"速度"是数字媒体追求活力最有效的法宝

纪念日是人类历史赐给病毒营销的礼物，一个免费的巨大宝库。许多商家企业利用纪念日进行病毒营销。

例如，大学生们喜欢的社交网站"人人网"经常会在纪念日准备一些电子小礼物，这些小礼物通常需要花钱（即用钱换取"人人豆"购买小礼物），但是由于是纪念日，大家

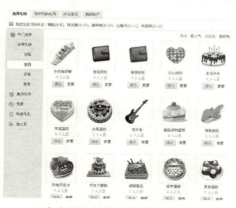

人人网上的礼物式病毒营销

都乐此不疲。送了一个朋友,还要送其他的朋友。收到礼物的朋友,还要回敬。

由于是电子礼物,发送非常方便,制作又精良可爱,而且还"应景",价格还便宜,这些"人人网礼物"相当的受欢迎。

中行小老虎与开心网

中行都市卡是 2010 年中国银行为白领打造的一款银行卡,由于客户群与开心网的客户群相似,中行与开心网联手推出"中行小老虎"活动。

在开心网牧场上,中行开展"与会跳舞的小老虎,共舞都市浪漫"活动。活动为参与用户提供了开心虚拟奖品和实物奖品。开心网用户可以在牧场购买小老虎幼仔,在牧场饲养的小老虎,幼年时活泼可爱,穿着草裙跳舞。如果点击跳舞的小老虎,则能够参加抽奖,然后获得包括牧场饲料、老虎虚拟房间装饰物在内的开心网虚拟礼物。

活动中后期,正值 2010 年虎年春节,老虎又有了新动作。用户们能够派老虎去好友家拜年,颇显温情。

中行小老虎上线第一周,累计购买小老虎数量超过 400 万只,参与抽奖次数超过 1000 万。[1] 在活动说明页以及抽奖环节中,以卡面展示的方式融入了中行都市卡相关元素,将都市卡和送老虎活动巧妙结合在一起。当用户被培植了对小老虎的好感,也同样配置了对这一款银行卡的好感。

中银开心网小老虎

中行都市卡活动,紧紧抓住了开心网大量年轻白领群体的特点,有针对性地进行宣传推广。以线下活动的奖品形象植入牧场,让用户在参与游戏的过程中了解到线下活动特色。小老虎本身又与即将到来的农历年生肖结合,应时应景,更博得了用户的喜爱。[2]

（二）满足感情的几大诉求（禁忌、有趣娱乐、稀罕）

没有人会义务帮你传播病毒,他们之所以帮你传播,一是因为他们是没有原

---

① 《开心网经典 SNS 营销案例赏析》,《市场观察》,2010 年 3 月。
② 同上。

则的中枢,你要付钱给他们。二是因为创意本身令人惊喜、印象深刻、想法新颖、重要。

有胆量创新,才有胆量留下自己的大名,否则就只能植入式。怕引起人反感,悄悄地,才可以在进行病毒营销的同时进行品牌营销。比尔·伯恩巴克(Bill Bernbach)是美国广告界大佬,也是 DDB 广告公司的创办人之一,他说:"你不能向一个不想听你说话的人推销东西:无趣的话不能帮你卖产品,有趣却与其无关的话亦是。"①

所以要让有趣与产品相结合。无趣是最糟糕的动物。

数码产品更新换代太快,给厂商的广告设计也提出了考验。在无处不在的广告里要做出让人印象深刻的也就越来越难。相比报纸杂志上静态、生硬的品牌广告,这些掺杂着生动故事和雷人视频的病毒营销可以得到更广泛的传播,前景也被看好。

有趣,稀罕——"猩猩鼓手":吉百利欢乐感染煽情

如果一只猩猩能够打架子鼓,你会不会觉得稀奇?在一段视频中,就有这么一只猩猩,在听到《今晚夜空中》的乐曲后,激情昂扬地敲起了架子鼓。鼓声激昂,猩猩的表情也极为丰富。

片子最后出现了广告文案:来上一杯半,欢乐无极限(A glass and a half full of joy)。

这是一则吉百利的广告,"猩猩鼓手"视频广告起初只在网络上播放,由于效果很好,它一跃成为 YouTube 等视频网站上最受欢迎的视频节目,浏览量达 500 万次。该视频被广泛张贴在博客和 Facebook 上,甚至出现在澳大利亚的新闻中。2008 戛纳国际广告节还获得了影视类大奖。

其实这个猩猩是人装的,由一个演员穿上手工制作的猩猩毛皮服装,随着音乐节奏,一面打鼓,一面还不由自主地摇晃着身体,表露出商品带来的喜悦情感。广告制作方是由法隆伦敦(Fallon,London)拍摄制作,只是为了吸引观众看到最后一句广告语"欢乐无极限",以表达出吉百利巧克力是一种愉快、满足的感觉。上海 JWT 东北亚执行创意总监劳双恩表示,当创意过度冒险的时候,广告主通常不敢直接将广告放在传统媒体上,而会先用网络这种新媒体,测试观众观看后的

---

① Seth Godin:《行销不过是个喷嚏》,梁曙娟译,台湾蓝鲸出版有限公司,2001 年,第 192 页。

反应,再决定整支广告是否要放在大众媒体上播放。①

吉百利的猩猩广告

打破禁忌——苹果 1984 广告

说到苹果 1984 年的这个广告,很多人会认为,这不是在互联网上传播的,不能算是病毒营销。

理当如此。然而,笔者认为,苹果的这则广告可以算得上是病毒营销的鼻祖。因为它率先实现了让人们疯狂的自我传播的过程。因为在广告播出后,由于深受欢迎,很多电影院老板非常喜欢这个广告片,他们又分文不收地替苹果白做了几个月的广告,而且,美国的三大电视网和将近 50 个地方电视台都在超级杯后报道重放了"1984",还有上百家报纸杂志评论"1984"的现象和影响,这些都为苹果公司和 Macintosh 做了免费广告,赢得了评论家经久不息的掌声。

直到现在,我们都会看到,关于"苹果广告 1984"的搜索结果多到让人诧异,通过 Google 英文搜索,可以搜索到 1,920,000 个搜索结果,许多人至今还把这一广告当做是营销史上的里程碑。但凡讲到苹果的探索创新的精神,都要以苹果的 1984 广告做例子。

这个广告是这样的:这个广告的名字是"1984",是根据一部书名为《1984》的小说为背景来制作的。小说描述了一个架空的极权统治社会,人们的语言甚至是思想都被 Big Brother(老大哥)严格控制。

苹果将 IBM 比喻成老大哥,其时也正是嬉皮士文化的末期,对权威、政府和巨型企业的反抗正得人心,苹果很快就得到了一批死忠的顾客。

影片的场景如下:喔,喔,喔,喔……一个昏暗的大屋子里,跑进来一群人,排排坐下,仰头而待,他们似乎是学生,表情木讷。在前面的大屏幕里,一个固化的

---

① 康迪:《用有趣创造有效的传播——视频营销中外成功案例》,《成功营销》,2008 年 11 期。

脑袋,喋喋不休地告诉呆坐的人们什么是 PC,他似乎是老师,表情同样的木讷。突然,一个白衫红裤的姑娘冲了进来,将手中的铁锤掷向屏幕,充满了叛逆的激情。这是当时广告的内容情景。这则广告不仅将苹果的 Mac 打出了更为响亮的名声,而且同时那个玩世不恭的姑娘从此将嬉皮精神四处播散,造就了今天生活在城市边缘的两种人之一的嬉皮士。①

苹果广告 1984

（三）满足三大功能需求（沟通、合作、教育）

不要以为只有噱头才抓得住手中的眼球,一些实用的、能够让受众衷心佩服,希望时不时能翻出来"复习"的东西,也一样可以作为病毒营销。

素材分享：豆丁网

豆丁网是全球最大的中文文档分享社区,人们可以在上面上传任意的文档,包括 word、ppt、excel 等,甚至包括电子书,他们对这些文档设置低廉的价格,供需要这些文档的人分享。

豆丁网

大部分这些文档都是知识性的,比如:《CFA 专业词汇英汉对照》、《ERP 的基本思想》、《家庭按摩大全》、《结婚宝典——婚嫁习俗及注意事项》等等,各方面都有,而且价格均只在 1 元左右。

---

① 马克·休斯(Mark Hughes),《蜂鸣营销——让人们谈论你的产品》(Buzz marketing - get people to talk about your stuff),Portfolio 出版社,2005 年。

这个网站非常受大学生和白领欢迎，因为能够方便地以最方便、低廉的方式接触到他们想要的知识，而当他们转载和分享豆丁网上的各种文档时，实际上在帮豆丁网完成一场又一场的宣传。

（四）更加隐蔽的品牌信息

因为受众对于广告有逆反心理，因此，病毒营销在传播病原体时，越爱越偏向于隐藏起品牌与宣传意图。采用"润物细无声"的方式进行营销，比起一开始就高调地暴露品牌信息，更有效果。

90 后课堂实境实拍

2010 年 5 月 7 日，一段名为《90 后课堂实境实拍》的视频短片发布在国内一家视频网站上而在网络上广为流传，视频只有 1 分 39 秒，视频讲的是在一个课堂上，一位胖女生不好好听课，使用笔记本电脑上网语音聊天。很快，胖女生从后门走出教室后，同桌恶作剧地把耳机拔掉。

整个教室内都能听到电脑中传出的清晰的声音："咱不是说好再处一段时间吗？""我就不明白了，他哪儿比我好了？""你再这样下去，我就活不了了。"

听见这些话，同学们爆发出笑声，老师走过来，看见胖女生的电脑，等女生回来后，老师讽刺她说："看来问题非常严重，你还是给他回个电话吧。"

这段看似偷拍于一个中学课堂上的情景，采用了几个敏感点，一是"90 后"这一被社会批评质疑过多次的群体，二是"胖女孩的爱情"，三是"幽默的老师"，这三点引起了网友的争相转载和评论，至当晚 6 时，在该视频网站上，收看次数已达 270 余万次，评论数量达 7200 余条。同时，众多网友对此视频发表了不同的看法。其中，既包括对于科技进步的惊讶，也有对于"90 后"生活状态的不满。几天内就被转至包括猫扑、天涯、豆瓣等的各大论坛，而仅在一个论坛就获得超过 20 万的点击，跟随评论者更是不计其数。

这段视频并非真实事件，而是由北京华扬联众广告有限公司为推广某电信企业的"3G 上网本"而制作的无标注广告。[①]

90 后课堂实拍

---

① 李嘉瑞：《90 后课堂上网视频 实为商业广告》，北京青年报，2009 年 5 月 20 日。

由于隔得较远,大部分人都看不清这台音质清晰的上网本的公司图标,但这不要紧,这段视频被制作后,等到影响力增加,制作公司跳出来挑明背后故事,使得客户的知名度也迅速曝光。

二、什么样的传播模式更有创意

由于传播模式带来的病毒扩散的效应,不在于传播内容的奇特,而是传播方式和传播途径上具有创意。

（一）便捷的技术

将信息复制与散播的劳务简化到最小程度,甚至可以在不知不觉中完成。Seth Godin 将它定义为病毒营销"流畅度",即使用者在传播创意病毒时的简易程度。[1] 目前在网络上进行分享,有两种方式:主动式传播与顺带式传播。

1. 主动式传播网友自愿进行的内容分享,包括:

一是复制粘贴,ctrl＋v 和 ctrl＋c,这是最常见的方式。

二是一键式分享,这种分享在"分享按钮"的帮助下得以实现,各种分享按钮帮助网民只需点击一个键,就把想要分享的内容分享到了自己的社交网站等其他网站的个人页面上。这种一键式分享最早见于国外的网站 Digg。现在,无论是视频网站,还是新闻网站,都提供这样的按钮。

2. 顺带式传播

这是指网友对病毒的传播不是主动的,而是在做其他事情的时候,不自觉地实现了病毒的传播。要做到这一点,需要非常巧妙地进行捆绑设置。

网络邮箱的顺带式病毒营销

---

① Seth Godin:《行销不过是个喷嚏》,梁曙娟译,台湾蓝鲸出版有限公司,2001 年,第20 页。

Hotmail 是最早成功实现顺带式传播的病毒营销案例，它通过在邮件下方无选择附带的 Hotmail 的注册地址，从而实现了 Hotmail 的用户数的增加（见前文 Hotmail 的故事）。此后，电邮成为了顺带式传播的典型传播途径。中国国内的许多免费邮箱都仍然在采用这种方式，为广告客户做广告。

另一种顺带式传播是各种免费资源共享网站。当网友上传图片、视频后，就会把信息通知自己的亲朋好友，也同时向他们传递了网站的信息。或当他们给朋友发送电子贺卡的时候，他们也顺带式推介了贺卡网站。

（二）"推手与水军"的上帖与跟帖模式

网络推手运作的出现及其后大规模网络水军将病毒营销发展到一种前所未有的新形式并产生巨大的社会效果。这些在《网络推手》的章节中，我们都已经作了详细的论述。在构筑数码口碑中至关重要的一点就是制造与维持流量。再有创意的病毒，也必须要有相当大的流量支持才能形成网上"口碑"。因此病毒营销的第二个"创意"（也是中国的特色发明）就在于用低成本创造出了"网络推手"模式来生产与维持流量。"网络推手"就是雇用发帖人，也就是所谓"无原则的传播者"。目前中国的网络推手运作已经形成了一整条产业链，有专业的发帖公司，创意病毒设计好了以后，可以通过这些发帖公司将创意病毒投放目标市场。发帖公司就像包工队，每个包工头下面有一大批全职或兼职的"网络水军"，他们接单发帖，按单收钱。订单接下以后，首先会通过 QQ 群、站内信、短信等方式发布任务信息，然后组织"推手"将制造好的病毒（帖子）大量发出。这些推手都在各大论坛拥有多个"马甲"，可以一人抵若干普通中枢身份。甚至使用自动发帖软件来散布病毒。这些"马甲"还有"推手"、"打手"、"顶手"等不同分工。这种运作可以在短时间内，产生巨大的网络流量。如在贾君鹏的例子中，一个只有标题却无内容的空帖却能在短短两天时间内，获得了 710 万的点击量和 30 万的回帖量。①

病毒营销的原则是以量取胜，用大量的、廉价的、无原则的传播者（工具式发帖人）打败顾客式的意见领袖。一方面，顾客式意见领袖需要花时间与成本去发现、培养，使其通过使用经验来产生自身驱动去推广，这在消费者注意力转移迅速的时代，实在是见效太慢了。甚至连那些无原则的专家中枢（博客）的方式都越来越让位给廉价、快速、影响大、效益强的网络"水军"方式，来实现病毒的扩散。

（三）网站的议程设置

在互联网上，这类流量大的网站与论坛可以看做是病毒营销的重要中枢，例

---

① 孔琳：《"贾君鹏"背后的传播能量》，《国际公关》，2009 年第 5 期。

如"加精"、"置顶"、"上首页",都是帮助病原体进行传播的途径。这类途径的培养成本相对较高。根据业内人士透露,在门户网站,例如新浪、搜狐的论坛上,对一篇文章进行置顶或上首页,其价格是 1500～2000 元/天。① 尽管价格昂贵,但是毕竟论坛的流量巨大,对病毒的扩散程度也有较大的帮助。

(四) 主流传统媒体的放大器

病毒营销要想发挥最大的社会影响力,最终的目标还是要进入主流传统媒体——电视、报纸。传统媒体起到的是一个放大器的作用。创意病毒先在网络上培养、发酵、膨胀、感染、传播,形成了一定"口碑"规模后,就会被主流媒体所关注,被报道。一旦成为主流媒体的新闻以后,就会在网络上形成更大规模的追逐热点。今天我们所耳熟能详的所有网络营销的案例,都是经过了主流媒体的放大器而被全社会关注的。关于这方面,我们在"网络推手"章节中有详细的讲解。

著名的电子商务顾问 Ralph F. Wilson 博士将一个有效的病毒性营销战略归纳为如下六项基本要素:1. 提供有价值的产品或服务;2. 提供无须努力的向他人传递信息的方式;3. 信息传递范围很容易从小向大规模扩散;4. 利用公共的积极性和行为;5. 利用现有的通信网络;6. 利用别人的资源。② 不难发现,传播的创意模式是病毒性营销的关键点。

第二节　培养皿:传播将创意转化成病毒

创意有了,但只是创意是不够的,创意只有被传播了,才会形成病毒。因此制造创意的人还需要懂得如何操纵繁衍创意的主要元素。

一、传播者

创意转化成病毒,最重要的表现就是被广泛传播。因此,病毒营销成功,要求传播者越多越好。下图说明了病毒传播者种类与作用:

---

① 数据由笔者访谈获得。

② Ralph F. Wilson:《病毒营销的六大简单原则》(The Six Simple Principles of Viral Marketing),《今日网络营销》(Web Marketing Today),第 70 期,2000 年 2 月 1 日。

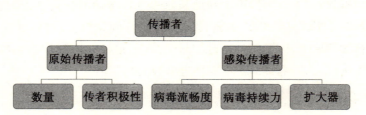

传播者再多，也分为原始传播者和感染传播者。

（一）原始传播者

所谓原始传播者，就是在第一轮营销时进行传播的人员。

1. 传者的数量

同样的创意效果下，第一轮营销面越大，意味着被感染的传播者将越多。对于一个竞争激烈、缺乏市场空隙的市场，必须从大范围开始，才能增加成功的机会。

Zipf 定律

你一定听过二八法则。没错，这就是 Zipf 定律的翻版。最早是由美国学者 G. K. 齐普夫于本世纪 40 年代提出的词频分布定律。他在 1932 年研究英文单词的出现频率时，发现如果把单词频率从高到低的次序排列，每个单词出现频率和它的符号访问排名存在简单反比关系。他发现"the"是英语中最常被使用的字，使用的几率是第十名常用字的十倍；第一百名常用字的一百倍；是第一千名常用字的一千倍。这个法则被发现适用于很多领域，如市场的占有率，甚至是网站的点击率。[1] 这一定律告诉我们，在所有领域中，做第一名远比做第三名或第十名好很多。[2] 网络市场尤其如此，Priceline、eBay、亚马逊网络书店的市场占有率接近 95％，是所有其他消费性电子商务的总和。这就是所谓的"赢家通吃"。

同样的，病毒营销也可以套用 Zipf 定律。受众一天接触到的数个营销品牌中，营销效果最好的那个品牌，80％能被受众在第一时间想起。

因此，一定要尽量快，尽量广地占领市场。

2. 传者积极程度——收买的艺术

上文已经说过，由于互联网"将前二十排的观众推到了舞台上"——网络中枢

---

[1] 在物理学中也发现了类似定律，被称为权力集中定律（Power Law Distribution）。

[2] Seth Godin：《行销不过是个喷嚏》，梁曙娟译，台湾蓝鲸出版有限公司，2001 年，第 18 页。

的角色更容易扮演,网络中枢的影响力也在增加,群组之间的阻隔也更容易被打破,而且更容易培养无原则的中枢。

如何吸引那些<u>无原则的中枢</u>,作为原始传播者呢?

a. 收买——给予无原则的中枢重要的承诺。

在网络上,科技使这种流程变得更加简单,也更加个人化。例如亚马逊网络书店的联盟计划,将书的部分利润付给那些介绍朋友来买书的人。

如果你能够吸引人从你设置的链接去这个网站 www. permission. com,若他从这个联盟网站进入任何一家书店网站并且买了书,那么这家书店得给你佣金。

这种做法,比起一些商家寻找代言人来说,风险要低很多。因为他们万一找错了人,比如哪个时运不济,发生艳照门事件的明星,可能血本无归。而亚马逊网络书店与联盟行销人员则创造了一个没有输家的交易,你可以在几分钟之内设定好链接,而且不必付费。一旦成交了,便可以拿到酬劳,没有成交,你也不必付钱。而亚马逊网络书店也没有损失。

因为对于无原则的中枢来说,这一做法风险极低,因此联盟计划一直很火。Befree. com 就是提供联盟行销的网站,被称为"绩效行销"(Performance Marketing)。越多的网站加入这项计划,提供薪金,寻找无原则的中枢帮他们营销。①

b. 弱联系——让他们知道如何以量取胜

首先,从"绩效营销"的角度,这一点很容易理解。

其次,上文已经说过,网络使得弱联系大大增加,并且使得许多弱联系对象浮出水面。例如,两个相互不认识,但是都会上同一个页面的网友,他们之间则属于弱联系。对于许多无原则的中枢来说,这些弱联系陌生到无需进行感情维护,无须担心这种商业化的互动会影响到人与人之间的关系。

c. 定期聚会,平台交流

为了延长病毒的生命周期,经常要对病毒进行维护和更新,例如针对不同的社会热点制造新的内容创意。

因此,对原始传播者,需要有一套管理机制。定期聚会,平台交流就是基于这个原因。

具体案例,参见"网络推手"一章对于 QQ 平台的阐述。

d. 一些事情可能完全瓦解商家与无原则中枢的关系

一是中途改变游戏规则。

---

① Seth Godin:《行销不过是个喷嚏》,梁曙娟译,台湾蓝鲸出版有限公司,2001 年,第 47 页。

全球成长最快速的网站之一是 Alladvantage. com，他们打造了一个多层次的传销组织，会员们如果上网看广告，能获得报酬（每小时 0.5 美元），而且，会员们如果找更多人上线看广告，将得到更多报酬。

会员人数很快成长并超过 500 万，这时 Alladvantage. com 觉得他们所支付的高额报酬将成为公司获利的阻碍。因此他们将报酬调整回公司刚设立时候的低水平。

这一招就悲剧了，这些人开始带动其他会员反抗这次的变革，于是 Alladvantage. com 的业绩不再成长了。[①]

二是不努力维系关系。

在中国的网络推手行业，经常会有"反水"事件。所谓反水，即制作病毒的人跳出来，披露病毒的制作内幕。对于一些隐藏品牌信息的病毒营销，"披露"会让网民感到欺骗性质，从而产生负面印象。而且，使得一些本来有很好的持续性的病毒，因此而中断传播。

"反水"的原因，可能是推手公司要自我炒作，也可能是商家与这些无原则的中枢发生矛盾。

2006 年，中国病毒营销史上发生一起著名的案例——"别针换别墅"。一个叫艾晴晴的女生高调地在网上宣布，要在 100 天的时间里，用别针换到一幢别墅。艾晴晴的交换行动，被上传到网络中，2006 年 10 月 15 日别针——路人照片——玉佛挂件——手机——珍珠项链——数码相机——邮票小全张——2 瓶五粮液酒——琵琶——琵琶 CD——温碧霞的装饰镜——美国原装海报——《高丽大藏经》——《别针换别墅——艾晴晴画传》图书出版权——恒昌珠宝价格为 128000 元的一只翡翠手镯——广州美美音像有限公司的签约协议书。

这一举动，在网上吸引了大量疯狂的粉丝。

但是很快一个推手跳出来，爆出此事完全属于策划，只是为了包装"艾晴晴"，同时在这个过程中推广几个商家品牌。而"反水"原因是已经成名的艾晴晴跟推手撕毁合约。[②]

（二）感染传播者

所谓感染传播者，就是被感染的受众，也向其他人进行传播，从而成为"二道贩子"似的传播者。

---

① Seth Godin：《行销不过是个喷嚏》，梁曙娟译，台湾蓝鲸出版有限公司，2001 年，第 50 页。

② 《"别针换别墅"是一骗局 策划人坦白整个过程》，北京娱乐信报，2007 年 2 月 5 日。

正是由于感染传播者的存在,病毒才能够不断地"进行自我复制"。感染传播者的多寡和他们的传播效果,影响着病毒营销的效果。

相比于原始传播者,感染传播者更属于"自发传播",无意中成为病毒的自发传播者。

因此,影响感染传播的因素有以下几点:

a. 病毒的流畅度

所谓病毒的流畅度,一是指创意程度。病毒有足够的创意,才会激发人们最原始的欲望去进行传播。

二是指病毒传播机制,用更便捷的方法传播病毒。网络上的"分享机制"越简单,越容易传播。

Yoyodyne 公司[1]曾经为 Zdnet 举行一次促销活动,结果发现,当人们看到一篇喜欢的文章,有 20% 会将它转寄给朋友。同时,人们如果喜欢一篇文章,会想看更多的相关文章。[2]

人人网允许用户进行分享,提供选择性的分享。既可以只给特定好友看,又可以分享给所有好友,既可以以信件的方式较为私密地发给朋友,又可以公开地将分享信息放到自己的状态里。

b. 病毒的持续力

病毒的持续力是指病毒感染力持续时间的长短,有些会影响到感染传播者的多寡。能保持长时间地被关注,自然其传播者的数量会更多。

c. 扩大器

如前所述,所谓扩大器,指的是病毒营销的影响力达到一定程度时,会引发传统媒体的关注。例如,王老吉事件被电视媒体做成一则社会新闻,在早间新闻或

---

① 行销专家 Seth Godin 的公司。

② Seth Godin:《行销不过是个喷嚏》,梁曙娟 译,台湾蓝鲸出版有限公司,2001 年。

者晚间新闻或者谈话节目中进行报道。

由此带来的营销效果，是呈爆炸状的。因为它将营销面从网民直接扩散到非网民。以中国为例，尽管中国的网民一直在不断地增加，但是目前的总量也只有3.2亿，不到总人口的1/4。而且大众还是更多地相信传统媒体的报道。

因此，病毒营销成功的标志之一，就是成功地利用传统媒体的扩大功能。媒体放大器功能在我们"网络推手"章节中已有详细论述。

二、病毒的维护

笔者之一在人人网上拥有账户，她发现，每发一篇日志，到了第三天，日志的浏览人数将不在。因为每个来看你的日志的人，都是因为他们在各自的好友状态的页面上，看到其他好友是否发了日志。如果他们看到你的，就会点击进入你的日志，然而，当很多人都发表了日志，而你的完全被淹没到"上一页"去了，就没有人再看你的日志了。

病毒营销亦是一样的道理。网络上创造的新东西太多，即使站长、版主把你的创意内容置顶了或者放在首页，过不了几天，一定会被撤换下去。

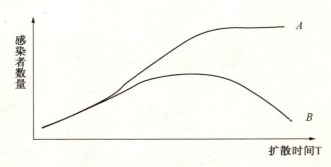

因此，如果不对病毒进行维护，病毒的影响力将会像上图中的 B 曲线一样最终慢慢消失。对病毒进行维护，包括三个面：延长病毒的周期、更新病毒不断刺激、利用扩大器。

（一）延长病毒的周期

延长一个病毒的自然寿命，也就是要保证一个病毒"传播→复制→传播→传播"的这种自发传播不要停止。因此就需要消费者持续地注意到你的创意，紧接着就要得到他们的认可，认可你的创意在他们这里被传播。延长周期的关键点在于：

1. 需要非常好的创意，既有刺激性，又有开放性。刺激性是这个创意最初出来后给受众的震撼与冲击。开放性是当这个创意的新鲜性过去以后，还可以在它的原始元素之上加入其他副元素,制造新的刺激来延续病毒的生命力。如在贾君鹏的案例中。最初的病毒是"贾君鹏你妈妈喊你回家吃饭",在开始的 9 个小时中就有超过 40 万的点击,跟帖人数接近 2 万。随后,这个原始病毒在传播过程中不断演变繁衍成无数变异版本。如出现了"贾君鹏"家谱。以贾君鹏妈妈、姨妈、姑妈、姥爷、女友甚至隔壁邻居的大舅子为名的帖子,纷纷出现。故事的情节也从最早的回家吃饭,演绎成新的故事。如一个贾君鹏的"女友"深情地说,"鹏鹏,回来吧,你妈答应我们的事情了。回来吃饭吧,不吵你了。"但是一个贾的"女儿"则生气了,"我爸爸说不回家吃饭了,你们烦不烦啊,一直说。"这个创意病毒就是一个非常具有开放性的例子。①

2. 需要多多地培养网络中枢。例如,选取更多网站的站长或者版主帮助延长病毒内容的显著地位。过一段时间,就将已经沉下去的病毒帖再提到首页或者置顶的位置。

(二)病毒再刺激与再维护

一场病毒营销,绝不仅仅是制作一个病毒处理,就对其放任自流。常常需要有第二第三阶段。当检测到本轮病毒式微后,应该及时做到以下几点:

1. 再次培养一批网络中枢,重新投放同样的病毒。

2. 在原始病毒的基础上再加入新的元素,制造病毒的变异版本,实施新一轮的病毒投放。

最优秀的病毒制造者,通常会根据当下的新热点,以及新出现的网络传播工具,制造新的变异病毒。

3. 利用扩大器。

以上三点,在网络推手一章中有详细的阐述。

---

① 李静睿:《贾君鹏因"你妈妈喊你回家吃饭"空帖走红网络》,新京报,2009 年 7 月 18 日,http://news.sina.com.cn/s/2009-07-18/020518245297.shtml.

第四章　病毒杀手

　　多么天才的创意病毒，也是有最恐怖的杀手。在这个杀手面前，无数有创意、有感染力、有持续力、有传统媒体影响力的病毒，都会无所遁形，吐血而亡，很多从此绝迹于网络。这个大杀器就是——真相。在很多情况下，一旦创意病毒被揭发，这个病毒及其他的系列就死亡了。从这个意义上讲，创意病毒也是一个"见光死"。

　　然而，还有些病毒即使见了光，也不死，仍然顽强地以各种变异形态，时不时地现身在网络上，曝光在聚光灯下，如雷人的凤姐。更诡异的是，每一次绝妙的创意病毒成功后，都会出来一些推手公司主动报料，竞相邀功。是啊，推手公司也不能总当幕后英雄，他们也需要宣传自己的功绩，传扬自己的品牌。他们灭掉了自己创造的病毒，是为了有机会创造更多的病毒。从这一点说来，那一次次若隐若现、语焉不详、欲言又止的推手传言，焉知不是一个个自我推销的创意病毒呢？

外三篇

西方主要国家对口碑营销和病毒营销的监管

第一章 西方国家病毒营销曝光案例

病毒营销作为一种营销模式而受到关注，最初是因为美国互联网公司热邮（Hotmail）的成功经验。热邮在创业之始向用户提供免费的电子邮箱服务，在每一封免费邮件的底部都附有一句："Get your private, free e-mail at http：//www. hotmail. com"通过这种方式，热邮在 18 个月中发展了 1200 万用户，创造了营运史上的奇迹。[①] 更令人称奇的是，网站成立的一年内用在营销上的花费还不到 50 万美元，只是其竞争对手广告和推广费用的 3%。热邮童话般的成功引起了风险投资公司的董事长史蒂夫·尤尔韦森（Steve Jurvetson）的注意。他不光投资了热邮公司，还把他们的营销方式命名为"病毒营销"（Viral Marketing）[②]。"它就像一个自适应病毒，我们最初定义它是靠网络提高的口碑。它让每个人都不自觉地成了你公司的推销员，"尤尔韦森说。[③] 从此，病毒营销作为一种营销理念开始流行。

病毒营销通常被认为是口碑营销的网络版。几年前围绕"病毒营销"和"口碑营销"的关系，维基百科上还展开了一场讨论。当时，维基百科考虑将"口碑营销"条目取消，用"病毒营销"来代替，引起了杜邦公司口碑营销负责人 Gary Spangler 的强烈反对。他上书维基力陈"口碑营销"与"病毒营销"的不同。他认为病毒营销是口碑营销的分支。在他看来，口碑营销有 11 个子项，除了病毒营销之外，还有推荐营销（Referral Marketing）、品牌博客（Brand Blogging）等。后来维基百科被他说服了，保留了"口碑营销"条目。[④] 在本书中，病毒营销被定义为数码世界的

---

① Beeler, Amanda：《无法治愈的病毒》（*Virus without a Cure*），《广告时代》（*Advertising Age*），2000 年 4 月 17 日，第 71 卷 17 期，第 54～60 页。

② 伊曼纽尔·罗森（Emanuel Rosen）：《口碑行销——如何引爆口耳相传的神奇威力》（*The Anatomy of Buzz*），林德国 译，台湾源流出版事业股份有限公司，2001 年，第 27～32 页。

③ 同注①。

④ Wasseman, Todd：《口碑营销和病毒营销》（*Word-of-mouth vs. Viral Marketing*），《品牌周刊》（*Brandweek*），2006 年 9 月 4 日，第 47 卷 32 期，第 34 页。

口碑营销，涵盖所有在新社交媒体上借个人身份传播创意病毒所进行的营销活动。

在热邮病毒营销成功案例之前，也有很多人运用人际间口耳相传的策略来推销产品。最流行的方式是直销活动。在《外一篇：口碑营销》中介绍的能量棒的故事就是在互联网流行之前口碑营销的成功例子之一。

美国加州马拉松选手布莱恩·麦斯威尔发明了一种给运动员食用的、迅速补充能量的食物——能量棒。最初的时候，麦斯威尔采取的是直销模式，参加城市里的跑步、自行车与铁人三项等运动，结识了很多运动员，并征集了其中 1,500 人对能量食品的意见。随后给这些人送去一个小盒子，里面有 5 支能量棒和一份订购单和调查表。马上有数百人订购了该产品，同时告诉了他们的队友和朋友。口碑开始形成。为了扩大口碑效果，公司给所有顾客发了一封信，告诉他们公司可以免费送 5 支能量棒给他们在美国的任何亲人或朋友，只要他们额外加付 3 美元的邮寄费。公司甚至会在邮包里附上一张纸条："由××地的××送给××"。这样一来，收到礼物的人就会打电话给朋友，询问更多关于能量棒的事情，大规模的口碑就这样形成了。到 1997 年，这个成立才 14 年的公司销售额已经达到 1 亿美元，在互联网新经济之前，这已经是很出色的营销成绩了。[①]

然而，口碑营销最终成长为一个影响潜力巨大、甚至可以挑战传统广告行业的新兴产业，却是互联网和新社交媒体出现以后的事情。2000 年，第一次病毒营销业者会议在美国旧金山召开。2004 年，在美国成立了第一家"口碑营销协会"（Word of Mouth Marketing Association（WOMMA））。与此同时，一个类似的组织"病毒与蜂鸣营销协会"（Viral and Buzz Marketing Association（VBMA））在欧洲成立。[②] 从此口碑营销作为一个新的营销模式开始进入主流视野，逐渐成为广告、公关和营销的一个公认的分支领域。2006 年，美国用于口碑营销的支出是 9.81 亿美元，2007 年是 13 亿美元，增长 33％。[③] 到 2011 年，用于口碑营销的支出预计

---

① 伊曼纽尔·罗森（Emanuel Rosen）：《口碑行销——如何引爆口耳相传的神奇威力》（*The Anatomy of Buzz*），林德国 译，台湾源流出版事业股份有限公司，2001 年，第 269～274 页。

② 这个组织在 2007 年更名为"Viral ＋ Buzz Marketing Association"，自称有 40～50 个会员，但组织网页在互联网上已经找不到了，这个组织目前是否存在，处境如何不得而知。这个组织的失踪或许同欧盟出台的严厉限制病毒营销的政策有关。

③ Newman, Eric：《口碑营销的预算大为增加》（*Budget Increase Speak Volume about W-O-M*），《品牌周刊》（*Brandweek*），2007 年 12 月 31 日，第 48 卷 47 期，第 11 页。

将达到 37 亿。①

口碑营销这一古老的品牌推介方式终于随着新社交媒体的流行而重新展示了它的魅力。许许多多的公司受到热邮公司成功的影响，迅速登上病毒营销的船，开始了他们磕磕绊绊的病毒营销之旅。这其中不仅有白手起家、梦想一夜之间空手套白狼的新兴网络公司，也有许多知名的跨国公司。下面的几个病毒营销被曝光的例子，不过是病毒营销规模的冰山一角。

第一节　Alladvantage.com：网上的无本传销

1999 年 3 月，斯坦福大学几个 MBA 毕业生共同成立了 Alladvantage 公司，主营电子商务。在两年的时间里，他们通过病毒营销方式获得了 1000 万会员加盟，成功筹集 2 亿美元风险资本。公司以回馈会员推荐其他朋友加盟的行为的方式，成为当时世界上最多人数推广的网站之一。据 2000 年市场调查公司 Nielsen/NetRatings 的报告，Alladvantage 当年已成为世界前二十位流量最高的网站之一。

这家公司的过人之处就在于它开创了互联网无本传销的先例。由公司免费提供给会员一个程序，只要你上网，这个软件就开始运行，你可以每小时得到 50 美分的收入。如果你发展了下线，还可每小时提取 10 美分的佣金。与通常传销不同的是，该过程不需要与任何人面对面地进行传销，这样就可以免除直接向朋友推销的尴尬。据说如果你发展 5 个直接下线会员，每个直接下线会员平均只发展 5 个扩展下线会员，这些会员只要每个人每月上网 20 小时，你每月就可以坐在家里净赚 3,920 美金。"听起来像天方夜谭，然而这是千真万确。有人问，该公司出得了这么多钱吗？回答是肯定的，靠的是电子商务广告。电子商务，现只是冰山一角，它是下一代的商务形式，是非常有前途的事业。美国走在前面。"这是当时网络流行的 Alladvantage 的传销病毒中的原话。

然而 Alladvantage 的成功不过是昙花一现，它的神话随着网络经济大泡沫的爆破而破灭了。2000 年，因华尔街股市重挫，公司上市计划夭折，同时寻求其他收入来源努力也归于失败，公司最终于 2001 年 1 月结束运作。截止它停止营运的

---

① Shoebridge, Neil：《营销浮上水面》（*Marketing Goes Facial*），BRW，2007 年 11 月 22 日，第 29 卷 46 期，第 29 页。

那一刻，公司派发给会员资金高达 1.6 亿美元。[①]

今天回过头去重温当年泛滥互联网的这个创意病毒，还是很有喜感的。下面这几段是当年网上流传病毒的原话：

网上赚钱！！

无本赚钱！！

各位朋友，或者不是朋友，你有无听过在网上赚钱呢？只要在你上网，每小时便可以有 USMYM0.50 收入。介绍给越多人加入，你赚的钱便越多，而且不需任何成本，何妨一试呢？

请即到以下网址登记啦！

http：××××

Alladvantage.com 已于 3 月 30 日正式开张……它主营电子商务，其中夺人之处在于，它开创了网上无本传销的先例。该公司免费提供一个程序。只要你装上它提供的广告软件，于你上网时，此软件便会运作，不断发出广告给你看，只要你不关闭它，便按每小时 USMYM0.50 付钱给你，每月每户最多 40 小时。而且它还用传销方法鼓励发展下线，你可按 USMYM0.10/小时来做你的报酬，唯一与通常传销所不同的是你不用与任何人面对面传销，且绝对无成本，无风险，利润大。

无需成本而能赚到钱，听起来好像骗人的事，但 Alladvantage 成立两星期已有 325,000 人登记参与，这已足以证明它的实力。

……

为了限制会员的增长速度，Alladvantage 规定每个会员登记后需要 5～8 个星期才可以下载它的广告软件，就是说你要在一个月后才可以开始赚钱，所以当你登记后请立即介绍朋友加入，不要在下载软件后才介绍朋友加入，否则你可能要等两个月才可以赚到下线的钱。登记手续十分简单，只需填上英文及真实的姓名（最好是身份证上的名字，因名字可能会印在寄给你的支票上）、家居及电邮地址，它便会给你一个会员编号（例：ABC－123）。

如何介绍朋友加入？最简单的方法就是你在登记后发送邮件给你的朋友，介绍他们加入，其次是用个人网页宣传，记得在 Email 或个人网页中加入自己的网址，例如：http：//×××会员编号，那么他们登记后便成为你的直接下线。

当大家还在讨论这是否真的时候，全世界已有数以万计的人登记参与这个创

---

① Beeler, Amanda：《无法治愈的病毒》(*Virus without a Cure*)，《广告时代》(*Advertising Age*)，2000 年 4 月 17 日，第 71 卷 17 期，第 54～60 页。

新的网上概念，两个月后，当你听到各网友或身边的朋友赚到钱时才参加就失了饮头啖汤的先机。不要犹豫了，现在就登记吧！

帮到别人，又可以帮自己，何乐而不为呢？①

第二节　沃尔玛：逛遍全美的沃尔玛

在英文互联网上有个词叫"Flog"就是假博客(Fake Blog)的意思。Flog 就是以博客形式运作的行销手段。而博客主打着个人名义进行行销，其实不是企业主就是公关公司。假博客是病毒营销在西方最流行的形式之一。

2006 年 9 月 27 日，网上出现了一个冠名为"逛遍全美的沃尔玛"（Walmarting Cross America）的博客。博客主是一对夫妇"劳拉"和"吉姆"，他们记录首次开野营旅游车从拉斯维加斯到佐治亚沿途的所见所闻。每到一处，他们总是把房车停泊在沃尔玛的免费停车场里。劳拉的第一篇博客上传了几张黑白照片，并谦虚地写道："我们不写博客，但由于我们的生活一直是在旅途上，因此我们的内心是探险者。我们想让自己的探秘有个发泄。"

在劳拉和吉姆的博客上，他们遇见的每个沃尔玛员工，从店员到经理主管，都是非常热爱沃尔玛的工作。博主以沃尔玛忠实顾客的姿态，大力赞美沃尔玛，内容相当夸张，听起来太像沃尔玛的公关宣传了。网友们马上对这个博客产生了怀疑，谁都知道，沃尔玛对员工是相当吝啬的，很少有人会真诚地热爱那里的廉价劳动力的工作。在网民的调查搜索下，发现这个博客是著名公关公司 Edelman PR 为沃尔玛量身定做的，并踢爆此事。后来公关公司负责人公开出来道歉。网友们甚至怀疑"吉姆"和"劳拉"是否真有此人。有人甚至公开叫板，如果真有"吉姆"和"劳拉"的话，让他们直接出来面对网友的质疑。

最后披露出来的实情是：吉姆和劳拉是真实的，吉姆 58 岁，劳拉 42 岁，他们没有结婚，但已同居生活 8 年，他们住在华盛顿，有 3 个孩子。吉姆的职业是个专业摄影师，但他始终不愿透露他的姓和真实身份。劳拉是一个自由撰稿人。

劳拉后来在接受采访时说，他们最初的想法只是想租个野营旅游车去外州看望孩子，沿途可以顺便给杂志社写个游记什么的。他们发现野营旅游车也可以免费停泊在沃尔玛的停车场，就先去咨询沃尔玛的意见，是否可以在各地都使用他

---

① 《网上赚钱!!》，Alladvantage 病毒营销线上广告，http：//skyscraper. fortunecity. com/backspace/147/earnmoney. html.

们的免费停车场。但沃尔玛发现这是一个绝佳的宣传机会。沃尔玛的公关公司Edelman 刚好成立了一个"工作家庭支持沃尔玛"的计划，就是为了对外宣传沃尔玛的正面形象。该项目马上决定赞助他们的整个行程。他们赞助了吉姆夫妇飞往拉斯维加斯，并在那里免费租给他们一辆绿色的野营旅游车，车上还印有"工作家庭支持沃尔玛"的图标。项目还承诺负担汽油费，建立一个博客网站，还同意支付劳拉一些稿费。

劳拉的博客充满了美妙的赞歌。在德州阿马里洛一站的博文写道："克拉格·汤普森六年前加入沃尔玛团队……克拉格的儿子布兰登有严重的心肌炎……这需要昂贵的手术和心脏起搏器，总数超过 30 万美元的医疗费用，这些都由克拉格工作的沃尔玛蓝十字蓝盾保险公司支付了。如今，19 岁的布兰登·汤普森已经重回德州汽车厂工作了。克拉格认为他的沃尔玛健康保险是生命的保险柜。"

她的另一篇博文讲述了一个在沃尔玛工作了 9 年的弗雷西·亚萨斯的故事，题目是"从出纳员到经理"。文中写道："现在弗雷西是一个企业战略/可持续发展项目经理，很为沃尔玛环境保护的努力骄傲……沃尔玛的目标是 100% 地使用可再生资源；到 2025 年实现零废弃包装，并销售为世界美好的产品。"

如此夸张地赞誉，难怪引起轩然大波。在网友人声鼎沸的抗议下，10 月 8 日，博客悄然关闭。[①]

这件事之所以引起轩然大波，是因为其违反了广告行为准则：广告主必须披露身份这一基本道德原则。同时也破坏了博客社区所看中的价值（信任），这个博客假以个人名义，却是替公司打广告。

第三节　索尼："我唯一想要的圣诞礼物是任天堂"[②]

2006 年快到圣诞节的时候，网上突然出现了一个任天堂粉丝网站。有个自称是后生仔的"查理"说，他有个朋友"杰里米"非常想得到的圣诞礼物就是任天堂，

①　Gogoi, Pallavi：《沃尔玛的吉姆和劳拉：真实的故事》(Wal-Mart's Jim and Laura：The Real Story)，Bloomberg 网站，2006 年 10 月 9 日，http：//www. businessweek. com/bwdaily/dnflash/content/oct2006/db20061009-579137. htm.

②　最初的视频已经被索尼删去了，但网友们又把原来视频翻出来放了出去，还加了很多嘲笑的版本。视频地址：http：//www. youtube. com/watch? v＝0G0LlXv－nyI&feature＝related.

他要网友们帮他想办法,怎么帮忙"杰里米"去说服他的父母为他买这个任天堂。同时他还上了一个说唱视频"我唯一想要的圣诞礼物是任天堂"(All I want for Christmas is my PSP)。视频里表演的是他的表兄"皮特",那个"皮特"看上去怎么也都像三十多了。演技蹩脚,道具陈腐。为了让这个粉丝网站更像个青少年网站,网上文字还都只使用小写字母,还用很多流行语,一时出现大量"顶帖",有个网名"真正玩家"上了很多"顶帖",如:"这是最好的网站"之类。那个蹩脚的说唱视频"我唯一想要的圣诞礼物是任天堂"还被放到了 YouTube 上,很快就有了大量点击,顶上了 YouTube 的热点视频。

唯一露马脚的地方是网站的注册域名。网友们发现这家网站同发布这蹩脚视频的是同一家公司 Zipatoni。这是一个索尼雇用的营销公司。网友们还把这个网站的注册域名公布了出来,立此存照。①

我唯一想要的圣诞礼物是任天堂　　　　网站的注册域名其实是索尼雇用的营销公司

这个事件引起了网民的大量攻击与奚落,还有网友制作了一段视频,讽刺索尼。最后一句是"对不起,索尼,我们没有那么傻"②。

———————————

① 《索尼游戏机假博客曝光》(Sony's PSP Blog Flog Revealed),Consumerist 网站,2006 年 12 月 13 日,http://consumerist.com/2006/12/sonys-psp-blog-flog-revealed.html;Boran,Marie.《防止误入商业博客误区》(Avoiding Business Blogging Blunders),Siliconrepublic 网站,http://www.siliconrepublic.com/new-media/item/10569-avoiding-business-blogging/.15/05/2008.

② 索尼病毒营销策略视频,提供证据揭示"我唯一想要的圣诞礼物是任天堂"视频就是索尼的病毒营销策略,http://www.youtube.com/watch?v=bwdhg-whoKw.

第四节　可口可乐：0卡路里运动

可口可乐(Coca-Cola)澳大利亚公司在2006年推出无糖减肥饮料"0卡路里可乐"(Coke Zero)。目标顾客群是注重健康的男青年。

该公司决定使用非传统的病毒营销渠道揭开这个推广活动的序幕，他们不是在传统媒体上做这个产品的相关广告，而是另辟蹊径，推出一系列的街头海报，来宣传一个"零运动"(Zero Movement)，同这个"零运动"配合的还有杯垫和粉笔画的小物品和一个具有相同名称的博客网站。

这个"零运动"博客网站还有宣言，它的这些宣传材料和品牌小礼品还可以下载。还有一些推手帖，问一些很弱智的问题："为什么每个周末不能长一些啊？""为什么我不能仍然得到圣诞玩具啊？"

这个活动的目的是想先造成围绕新品牌的一种"蜂鸣"效果，用网络流行概念来获取新生代的关注与好感。但事与愿违，网络社区和网友发出了自己的判决。

0卡路里可乐

在网络上面搜寻"零运动"，就可以发现大量的负面评论："需要多少广告公司才能'庇护'一代年轻人？"一个网友问。"如果你买0卡路里可乐，你不只是可悲的失败者而已，你将是背叛朋友、应遭天打雷劈的可怜虫，"另一个网友骂道。

有一个恶搞"零运动"的网站建议网友把买饮料的钱省下来捐给慈善事业，而另外一个影响甚广的恶搞博客"烂透零运动"(Zero Movement Sucks)甚至开始销售黑色T恤衫，上面写着："我参加了零运动，得到的报应是得了脑肿瘤。"

可口可乐最后被逼在该博客上贴上公司标志，并淡化处理这一事件，它宣称这场风波并未影响其销售量，"0卡路里可乐"反而成了该公司20年来在澳洲推出最成功的产品，并一直在提升公司的业绩。但是这个事件还是表明：企图利用伪装的营销手段来误导N世代这群目光犀利的新消费者是相当危险的事。

针对这一事件，有媒体指出，病毒性营销的成功是基于通过普通的用户人群来传播宣传有关产品。要让他们这样做，就必须让他们觉得这件事很有趣很娱乐，而不是

"我参加0运动得了
脑瘤"T恤

像做广告。

营销杂志 B＆T 的托尼·凯利在他的博客中写道："很多博客主反击零运动，因为它是一个低劣的营销手段，滥用了博客主与博客社区之间高层次的沟通和信任关系。"

澳大利亚国立大学市场营销讲师加里·巴特里斯评论说，在具有高度怀疑性的顾客群体中使用这样一种病毒性营销策略，对可口可乐公司这样的大公司来说是一把双刃剑。

"我认为病毒营销的吸引力在于它是一种新的、廉价的与市场沟通的渠道。但它仍处于起步阶段，大品牌公司反而最可能承担负面后果的风险，"他说。①

第五节　麦当劳：大富翁游戏

麦当劳的大富翁游戏是麦当劳从 1987 年以来在众多国家开展的抽奖广告宣传。2006 年，有两个博客主——4railroads. com 的"斯坦利·史密斯"同 Mcdmillionwinner 的马西娅·施罗德——开始分别撰文写他们对大富翁游戏的痴迷。"斯坦利"称自己着迷地搜集所有的"四铁路券"，还上了一个视频。而"施罗德"自报是 2004 年的垄断/大富翁冠军。在他们陶醉于麦当劳的巨无霸、饮料、薯条大富翁游戏的间隙中，还花时间写博客，分享他们的喜爱。马西娅写道："有些晚上，我们不在家里做饭，就是为了去麦当劳去玩垄断游戏。谢天谢地，他们的菜单上有很多品种可供选择。"如此夸张的言论引起网友们的怀疑。通过网友搜索，他们发现这两个本应该毫不相关的博客，它们的图像全都在同一台服务器上托管。后来爆出这两个博客都是伪博客，是麦当劳的公关广告。

斯坦利博客的网址是 4railroads. blogspot. com，但这个 4railroads. blogspot. com 又联系到马西娅的博客。在此之前，麦当劳的公关公司 JSH＆A 还发出了一个新闻稿，文中称："如果想知道以前的获奖者是如何获得大富豪积分奖的，想探求消费者是怎样才可以赢得麦当劳大奖，请访问 http：//www. 4railroads. com 去看个究竟。"

---

① Hearn, Louisa：《可口可乐一无所获》(Coke Gets a Zero for Effort)，《悉尼先驱晨报》(The Sydney Morning Herald)，2006 年 1 月 25 日，http：//www. smh. com. au/news/breaking/coke-gets-a-zero-for-effort/2006/01/24/1138066785594. html#；唐·泰普史考特：《N 世代冲撞》，美商麦格罗·希尔国际股份有限公司台湾分公司，http：//www. epochtimes. com/b5/9/10/19/n2693724. htm.

然而,在斯坦利和马西娅的博客上,没有任何正式说明这些都是麦当劳的公关博客。此事也被网友揭发,受到广泛的抨击。①

第六节　给大企业网络营销的二十条忠告

大公司搞虚假口碑营销的例子还包括 2002 年索爱公司"假游客"营销。为了推广它最新的有照相功能的 T68i 手机,索爱公司聘用了 60 位演员在美国几大旅游景点,如纽约的帝国大厦,西雅图的太空针塔等伪装成游客,不时地请毫无戒心的旅游者帮他们用公司新型照相手机来拍照。② 他们这个把戏被揭穿以后,不但不思过,反而故技重演,把相同的招式又用到了 W800 收音机电话(Walkman Phone)上。这一次的触犯底线行为立即引起了网络世界的口诛笔伐,让索爱公司的负面形象在网络上扩散开来。有网友评论:

"因特网最棒的优点之一就是它带给人们全新的'透明'感。在这种新道德的要求下,企业的营销专家必须公开且诚实地对待顾客,千万别想哄骗他们去买你的产品。"

"我们认为:Sony Ericsson 或许不曾听过这则行为规范,因为它很明显地捏造了虚假的营销广告,诱骗不知情的使用者为 W800 收音机电话做见证。"③

为此,营销专家泰普史考特告诫企业,在社交网络上与顾客"交朋友"是一场建立关系的演习。这是一项看似简单、其实很严峻的考验。特别是面对网络新生代的顾客,他们不信任企业,但却很相信朋友传达的信息,因为他们认为朋友之间是讲真话的。

因此,他建议网络病毒营销首先要信息真实,因为你在营销自己产品的同时

---

① 《麦当劳的假博客促销》(McDonald's Promotes Monopoly Game With Flogs),Consumerist 网站,2006 年 10 月 31 日,http://consumerist.com/2006/10/exclusive-mcdonalds-promotes-monopoly-game-with-flogs.html;Lawrence,Dallas:《社交媒体和联邦贸易委员会:商业须知》(Social Media and the FTC:What Businesses Need to Know),http://www.devcomments.com/Social-Media-and-the-FTC-What-Businesses-Need-to-Know-i9118.htm.

② Vranica,Suzanne,《向你展示新手机的人可能是骗子——索尼爱立信置演员于真实环境下的新活动》(That Guy Showing Off His Hot New Phone May Be a Shill-New Campaign for Sony Ericsson Puts Actors in Real—Life Settings;Women Play Battleship at the Bar.),华尔街日报,2002 年 7 月 31 日。

③ 唐·泰普史考特:《N 世代冲撞》,美商麦格罗·希尔国际股份有限公司台湾分公司,http://www.epochtimes.com/b5/9/10/19/n2693724.htm.

也维护了社交网络的正当性。根据他的调查资料,77%的 13~29 岁的青年人说,如果他们发现伪广告,他们就会将情况告诉自己的朋友,并敦促大家别买它的产品。网络的最大特点是"透明"。在强大的搜索下,一个负面的信息回流传得很快、很广、很长久。

网络世界自己的社交礼仪,要想在社交网上营销,企业就必须了解这些礼仪和规矩。泰普史考特将一个网友的"二十件大企业该做和不该做的事"("20 Dos and Don's for Big Business")①修改重组后罗列了九条:

(一)别误以为精美可爱或笨笨的企业标志、吉祥物或公仔会自动适用于网络的虚拟世界。

(二)品牌促销活动要做得平凡而具体,不要太花哨、太天马行空;要能与顾客互动,能让顾客了解你的内容。

(三)赠品要实用而且有趣,可以让使用者带回家;千万别忽视它,把它做得像"赃物",还在上面打上公司的企业标志。

(四)别将真人的照片摆进品牌促销活动中,它只会让消费者倒尽胃口。

(五)别将自己关在私人的岛屿;务必出现在人潮聚集的地方。

(六)千万不要推出太炫耀不实的大促销案,还只做一次,以后就弃之不顾。

(七)注意接口设计的种种细节。

(八)用心观察人们在网络虚拟世界做什么事。别在网络世界强推一些看起来不怎么可行的现实世界活动。

(九)如果某个点子行不通,不要害怕立即将它删除,再另起炉灶——网络是一个高度可变、有延展性、可修正的世界,其重建成本仍然很低。②

---

① 《二十件大企业该做和不该做的事》(Do's and Don'ts for Big Business),2006 年 10 月 26 日,http://secondthoughts.typepad.com/second-thoughts/2006/10/dos-and-donts-f.html.

② 唐·泰普史考特:《N 世代冲撞》,美商麦格罗·希尔国际股份有限公司台湾分公司,http://www.epochtimes.com/b5/9/10/19/n2693724.htm.

第二章　病毒营销的消费者监督与行业自律

第一节　病毒营销的消费者监督

　　面对病毒营销在网络上的发展，除了网民自发性地揭露与挞伐外，在美国，还有一些消费者建立组织，专门监督大公司在网络上的商业行为，发动民间力量来游说美国政府，特别是美国联邦贸易委员会出台相关法规与条例来监管网络营销。最有影响的组织就是民间组织"商业警惕"（Commercial Alert）①。

　　"商业警惕"是一个非营利性组织。其宗旨是要将商业文化保持在一个适当的范围内，防止它侵害儿童并颠覆社会的更高价值，如家庭、社区、环境和民主。这个组织主要活动是保护儿童不受商业利益和商业广告的利用和操控。它关注社会中很多商业过度营销，不实广告、不确定性药品及食物的市场化等问题，口碑营销是他们从 2001 年就开始关注的问题。

　　2005 年"商业警惕"的执行主任加里·拉斯金上书联邦贸易委员会，要求调查进行口碑营销的公司。在信中，拉斯金重点指出口碑营销掩盖了公司与私人推荐者之间的利益关系，违反了联邦贸易委员会的《欺骗政策声明》（克利夫代尔附件：103，110，175）（1984）。该法规第五条指出，一个欺骗性的行为或做法是：如果（1）有一个"表述、遗漏或做法有可能误导消费者在这类情况下'合理地行事'"；（2）该表述或遗漏是"物质"——"物质"被定义为一种行为或做法"可能会影响消费者对于一个产品或服务的行为或决定。在联邦贸易委员会《欺骗政策声明》的脚注中，委员会将"有欺骗和误导的遗漏"定义为：当有可能防止做出被误导的行为、要求、表述，合理预期或信仰等必需的信息是不被公开的时候，就是有欺骗和误导的遗漏的出现……在决定一个遗漏是否是欺骗性的时候，委员会将研究的行

---

　　①　"商业警惕"的官方网站，http://www.commercialalert.org/.

为、要求或陈述所造成的整体印象……即使某些表述从字面上没有误导，但因为缺少信息的披露，它们会误导消费者产生一个合理的期待或信念，它们也有可能被认定是有欺骗性。①

2005年，"商业警惕"组织了消费者的请愿信活动，并于10月向联邦贸易委员会递交请愿信，要求他们立法限制口碑营销。2006年12月，联邦贸易委员会给予了回复，②认为在当时的情况下，没有必要制定针对口碑营销的新指南。

"商业警惕"是从价值观道德观来批判口碑营销的。他们认为口碑营销按照目前的做法，有四个主要问题：

（1）它的欺骗性：人们认为他们是同一个普通的人交谈时，他们其实是在同一个企业的"托"在谈话；

（2）它的骚扰性：就像当着你的面给你进行电话直销骚扰一样；

（3）它利用了人们对陌生人的友善。大多数人在陌生人有请求的时候，都很友善，不介意给陌生人帮个忙，如照个相之类。这样的好心被大公司利用了，例如在索爱的案例中，它们就利用人们的好心做产品演示；

（4）它把朋友和家人的关系变成了利益的关系。如果我们每天都生活在一群让我们买这买那的"企业托"中间，而他们曾经是我们的朋友和家人，这将是一个悲哀和令人窒息的世界。公司化美国有巨大的价值观问题。人与人之间关系的商业化是社会问题之一。③

然而，随着新社交媒体的迅速发展，以及民间社会的游说压力，特别是在欧盟国家，包括英国都对网络个人形式的营销出台了严格的监管条例的情况下，美国联邦贸易委员会于2009年10月5日出台了美国联邦贸易委员会新修订的《广告推荐与见证的使用指南》(FTC's Guides Concerning the Use of Endorsements and Testimonials in Advertising)，其中有部分涉及对消费品评论博客的监管。该条例已于当年12月1日生效。

---

① Ruskin，Gary：《商业境地要求联邦贸易委员会调查欺骗性病毒营销》(Commercial Alert Asks FTC to Investigate Buzz Marketers for Deception)，2005年10月18日，http://www. commercialalert. org/issues/culture/buzz-marketing/commercial-alert-asks-ftc-to-investigate-buzz-marketers-for-deception.

② 《给商业警惕执行理事长的信件》，http://www. commercialalert. org/Ruskinletter. pdf.

③ 《病毒营销》(Buzz Marketing)，"商业警惕"网站 http://www. commercialalert. org/issues/culture/buzz-marketing.

第二节　病毒营销行业的自律

面对民间社会对口碑营销及其各种附属形式病毒营销、蜂鸣营销等的反对意见与要求监管的呼声，美国最大的口碑营销行业协会"口碑营销协会"（WOMMA）于 2004 年成立。当时社会上有很多关于口碑营销的说法，负面新闻也不少，很多人怀疑口碑营销是否是一个正规的企业营销方式。口碑营销先驱者之一的 BzzAgent 总裁戴夫·巴尔特同 Intelliseek 的营销总管皮特·布莱克肖商讨如何成立一个组织可以将口碑营销的理论研究同实践运作结合起来，也可以提供更多的资源促进和推广口碑营销业的发展，同时解决关于口碑营销的道德规范问题。他们的想法得到了另一个口碑营销公司 BuzzMetrics 总裁兼首席执行官乔纳森·卡森的支持。他们一致认为，一个口碑营销的行业协会将会把业界人士组织在一起，从而促进口碑营销的合法性。2004 年 7 月，他们同著名的营销专家安迪·瑟尔诺维茨会晤，瑟尔诺维茨同意将他的互动营销协会并入到新成立的口碑营销协会，并出任 WOMMA 的首届执行主席。瑟尔诺维茨的工作是把从一个有远见的营销非正式组织转变成一个稳定的、有效的行业协会。2004 年 10 月，WOMMA 正式接受会员，瑟尔诺维茨全职投入 WOMMA 协会的工作。它的总部设在芝加哥。

很快，WOMMA 的名字就在广告与公关界传开，一些知名的业界大佬同营销公关公司纷纷加入。到 2004 年底，WOMMA 已经成为口碑营销行业信息的主要来源和权威协会。

WOMMA 面临的首要问题是解决行业道德规范问题。他们决定制定 WOMMA 道德守则。

2005 年 2 月 9 日，WOMMA 会员道德守则发布，它的基本原则可以归结为"诚信 ROI"：

1. 诚信的关系：你告诉人家你为谁服务；

2. 诚信的观点：你告诉人家你相信什么；

3. 诚信的身份：你永远不撒谎你是谁。

现今，WOMMA 有 300 多会员，成为口碑营销的资源库和权威机构。下面附上摘录版的 WOMMA 口碑营销道德行为守则。

口碑营销道德行为守则("WOMMA 守则")

一、基本原则

1. 快乐、有兴趣的人会说你的好话。

并不需要花费太多。理解这个概念,奉献你自己,你将会是一个成功的口碑营销制造者。

2. 诚信、真实的观点是我们的媒介。

我们不告诉别人该说什么或怎么说的。我们坚信人们应该自由地形成自己的意见和分享他们的意见。支持自然的谈话,我们会非常谨慎,以确保自然的谈话不被扭曲。

3. 我们开始、支持、并简化分享。

口碑营销使用有创意的技术来鼓励交流。我们让人们彼此交谈更容易,我们创造有趣的事情供人们去交谈,我们创建社区用来交流思想,我们找到合适的人,他应该知道我们在做什么。传统的广告把想法推给消费者。我们帮助自然形成的好主意到处传播。

4. 口碑不能被伪造。

欺骗、渗透、不诚实、当托、和其他企图操纵消费者或他们的谈话是错误的。诚实的营销者不这样做,也不会做,如果他们尝试的话会被抓住。肮脏的行为将暴露于公众面前,对任何想要尝试这么做的人都是可怕的后果。

5. 口碑营销赋权于消费者。

消费者有控制权,他们支配着营销者与客户之间新的、健康的关系。消费者需要满意、尊重和优质的产品与服务。如果公司可以提供这些,人们会告诉他们的朋友。口碑营销者加速这一过程,用以客户为中心的服务、支持和公开交流来取代咄咄逼人的广告。

二、WOMMA 行为守则
(注意:这是一个公开发表的守则草案,用于公共发表评论)

(一)摘要

1. 消费者保护和尊重是最重要的;

2. 诚实 ROI(投资回报):诚信的关系、观点和身份;

3. 我们尊重场地的规则;

4. 我们尊重地处理与未成年人的关系；

5. 我们推广诚实的下游交流（Downstream Communication）；

6. 我们保护隐私和权限。

（二）目 的

WOMMA 成员认为，本守则是一个有道德的、繁荣的行业的基础。为了生存和成功，口碑营销必须通过保护消费者的开放、诚实交流的权利来赢得消费者的信任。

WOMMA 守则是在规划和执行口碑营销活动时的准则。它的目的是帮助确定最佳做法、不能接受的做法和基准的方法规则。这是帮助遵守道德的营销者的一个工具，告诉他们底线在哪里，如何做正确的事情。

这是一个正在进行的工作。口碑营销是一个新兴行业，我们与消费者的关系还仍处在形成阶段。环境在迅速变化，规则还不明确，道德规范仍在定义中。我们会继续根据实践的发展改善口碑营销的 WOMMA 守则。

这是一个 WOMMA 成员选择遵守的守则。我们希望所有的有道德的营销者也将这样做。

（三）WOMMA 守则

1. 消费者保护和尊重是最重要的：我们尊重和提倡的做法是依据这样的理解——即消费者，而不是营销者是消费与营销关系中的负责人、控制者、并支配各方面的条件。我们万分努力确保消费者时刻受到保护。

2. 诚信的 ROI（投资回报）：诚信的关系、观点和身份。

诚信的关系：

a. 我们实践消费者和营销人员之间的开放关系。我们鼓励口碑传销者在他们与客户的交流中公开他们与营销者的关系，我们不告诉他们具体说什么，但我们要指导他们公开和诚实。

b. 我们坚决反对商托和隐蔽营销——那种既收取报酬又不披露营销关系的活动。

c. 我们遵守联邦贸易委员会法规："当一个推荐者和产品销售商之间存在关系，这种关系可能会在物质上影响推荐的可信度（比如，这种关系不为观众所预期），就必须得到充分的披露。"

诚实的观点：

a. 我们从来不告诉消费者怎么说。人们形成自己的意见，并决定该怎么告诉别人。我们提供的信息，我们给他权利去分享，我们推动这一进程——但基本的交流必须建立在消费者自己的信念。

b. 我们遵守联邦贸易委员会法规关于推荐与见证的指南,具体而言:"推荐必须始终反映诚实意见、成果、信念,或推荐者自己的经验。此外,推荐如果是直接来自广告主,它不应包含任何欺骗性的或是无法证实的表述。"

诚信的身份:

a. 明确的身份披露对建立信任和信誉是非常重要的。我们不会模糊有可能混淆或误导消费者的营销者的身份问题。

b. 活动组织者应监测和推行身份披露。披露方式可以根据交流的情境灵活掌握。如果是一个虚构的人物,则不需要明示。但如果是公司代言人的话,则要披露身份,不要让公众误解为一般消费者。

c. 我们遵守联邦贸易委员会关于推荐身份的法规:"任何有直接或暗示为'实际消费者'的广告推荐,不论是音频和视频,都必须是真正的消费者,或清楚披露这些在广告中出现的人不是实际的消费者。"

d. 活动组织者在消费者或媒体询问时,应该披露他们的参与活动。

3. 我们尊重场所的规则。

我们尊重任何线上或线下交流场所的规则。交流场所包括:网站、博客、论坛、传统媒体、生活环境等。并根据场地规则来创建和执行我们的活动。我们从不开展和鼓励违反不同场地原则的活动或行为。

4. 我们尊重地处理与未成年人的关系。

a. 我们认为,处理好口碑营销工作中与未成年人的关系有重要的道德义务、责任和敏感性。

b. 我们反对在任何口碑营销活动中纳入 13 岁以下的儿童。

c. 我们遵守销售中所有保护未成年人的法律。

d. 我们确保我们所有的活动遵守现有的媒体关于儿童的特别规定,例如日间限制等。

5. 我们提倡诚实下游传播。

认识到我们无法控制人说什么和多次传话之后的信息,我们提倡在下游传播的诚信 ROI 原则。在每一个方案的范围内,我们都会指导传销者道德交流,我们绝不指示也不暗示他们应该从事任何违反本守则的行为。

6. 我们保护隐私和许可权。

我们在任何情况下都尊重消费者隐私。所有的口碑营销的项目,都应采用最高的隐私标准、选择和许可标准。我们遵守所有相关法规。任何收集来自口碑参与活动的消费者资料应仅用于特定的项目中,除非消费者主动允许我们将它用于其他用途。

第三章　欧盟《不公平商业行为指令》①

　　欧盟对口碑营销和病毒营销的法律监管主要是通过欧盟 2005 年 6 月 12 日生效的《不公平商业行为指令》(The Unfair Commercial Practices Directive)来实现的。这个指令是用于禁止对消费者不公平行为的新法律。这是目前世界上最严格的规范商业营销行为的规范性指令。在这样严格的规定下，口碑同病毒营销在欧盟市场上几乎没有立足之地，更谈不上发展空间。该指令规定了三种不公平商业行为：误导性行为、侵犯性行为与绝对禁止行为（黑名单行为）。与限制口碑营销同病毒营销有关的条例有：

　　● 商业运作中的误导性遗漏：遗漏所指的是消费者需要知晓信息来做出选择的事实。构成误导性遗漏的情况有：经营者遗漏了消费者需要了解的实质性信息；经营者隐瞒了或者提供了不清楚、模糊的、复杂难懂的或者不及时的信息；没有明确说明在当时的背景下不是显而易见的该商业行为的商业目的。以下情况将用作考虑判定行为是误导性遗漏：考虑全部商业行为的影响，包括表达的影响；必须清楚地展示信息，模糊的表达等同于告知的遗漏。

　　● 在黑名单中明确禁止的行为：

　　● 广告新闻：在媒体中的新闻部分刊登经营者付费的推销一种商品的新闻内容，但却没有用图像、画外音等能够以消费者明了的方式表明它的广告性质。

　　● 专业经营者伪装成消费者：虚假声称或者制造一种印象，经营者并不是出于和他的贸易、商业、工艺或专业相关的目的而行动，或者伪装成是一个消费者。

---

　　① 本章基本内容是翻译与摘录 2006 年欧盟健康与消费保护总局制作出版的面向公众解释关于新商业行为指令的小册子，http://ec.europa.eu/consumers/cons-int/safe-shop/fair-bus-pract/index-en.htm.

前言：从提出概念到实际应用

随着欧盟的发展，内部市场潜力越来越大。许多跨国贸易的障碍已经被清除，开始出现新的商务贸易往来和消费者。可是有很多欧洲人还对跨国交易充满犹豫，他们担心不能得到与他们在自己国家经商的同等保护，或者对其他成员国不同的法律充满困惑。

为解决这个困难，欧盟于 2003 年 6 月 18 日出版了计划草案，并第一次在欧洲议会上宣读，接受部长级评议会检验（共同决定程序）。后又经过共同立场检验，第二次在欧洲议会宣读，并受部长级评议会检验。最终于 2005 年 5 月 11 日正式签署文件。2005 年 6 月 11 日，在官方通报发布，2005 年 6 月 12 日正式生效。在 2007 年 6 月 12 日之前，各国立法通过接受这个法令。在 2007 年 12 月 12 日之前，在全欧盟开始采用这个指令。

《不公平商业行为指令》的实施，解决了欧洲内部市场发展的这种障碍。取代了不同国家普通立法的多数规定，该指令对不公平商业行为的定义方法简洁明了。它向消费者和交易商提供了单一的欧洲参考点，既保护了他们的权益，并且使得法律允许和不允许的商业行为清晰明了。

一、何为"不公平商业行为"

新的《不公平商业行为指令》在 2005 年 5 月被采用。新法规的各项细节在 2007 年 12 月在各成员国实施。但是，究竟何为"不公平商业行为"以及为什么需要该指令？

商业行为指涉及包括促销、销售或者供应商品给消费者的活动。它涵盖了一个经营者的任何行为、遗漏、行为过程、表述或商业传播交流，包括广告和营销。如果商业行为是不公平的，那意味着，对于消费者，根据明确的标准，该商业行为被认为是不可接受的。

（一）为什么需要一份关于不公平商业行为的指令？

为加强欧洲消费者对于跨国交易的信心，该指令已经获得通过。有证据显示，欧洲市民过去并不确定，他们的权利在国际交易中是否能得到保证，因此不利于欧洲内部市场的发展。

经过广泛的磋商，关于不公平商业行为的指令已经获得通过，代替原有的多种国家立法,法庭通过单一的普通法规进行裁决。新指令的同一性和透明度将使全欧洲的消费者安心购买与交易。

（二）该指令的目标是什么？

该指令旨在阐明消费者的权利,并简化跨国贸易。共同规定和原则将给予消费者同样的保护,不受不公平行为和欺诈的伤害,不论消费者是从住宅区附近的小商店购买,还是从海外网站购买。

同时还意味着,商家可以用对国内消费者同样的方式,对欧洲4.5亿消费者打广告和行销。在《不公平商业行为指令》采用之前,每个成员国针对不公平商业行为,都曾有自己的不同的法规,这些法规在欧盟国家之间,存在矛盾。新指令使得欧盟国家之间,对于不公平商业行为的法律统一起来和相互承认,摒除了内部市场障碍。

欧盟各国在此之前关于市场营销和广告行为的国家法律,存在不同之处。同一种商业行为,在一个国家是"公平的",在另一个国家可能就是"不公平的"。新指令关于"不公平"商业行为的构成,制定了一系列共同的法规。这意味着各种规模的商业交易,都将减少关于广告和市场营销法规的法律咨询费用;而且能更好地在欧洲范围销售产品。

二、不公平商业行为

在过去,"不公平商业行为"的概念,在不同成员国,有不同解释。现在,在全欧洲的商业行为都将以同样的标准来评定。所以,该指令是如何构成的,什么类型的行为将被禁止？

指令的一般条款包括对于不公平商业行为的普通禁令。该规定将取代成员国已经存在的、具有分歧的一般条款,从而摒除内部市场的障碍。

（一）新指令的构成

一般条款		
误导性行为		侵犯性行为
行动	遗漏	
黑名单		

另外,详细描述了不公平商业行为的两个主要类别:"误导性"和"侵犯性"行为。事实上,绝大部分被认定不公平的商业行为,都被纳入了这些规定。

应用上述规定的时候,根据行为对于平均消费者（Average Consumer）的影响,或者可能的影响,来评定行为是否为不公平。

最后,黑名单列出了,在所有情况下,都被认为是不公平的行为的名单,因而,这些行为不需要应用平均消费者测试,也会被禁止。

(二)平均消费者

如果一种商业行为针对一个特殊群体的消费者,那么这个群体的平均成员就是基准。该商业行为公平与否,将根据此基准来评定。欧洲法院在其判例法中,有提到"平均消费者"。欧洲法院所阐述的平均消费者是"适度熟悉、适度深切注意、慎重地"考虑社会、文化和语言上的因素。

(三)什么是平均?

在青少年杂志刊登广告,承诺在参加某种课程后,将提供优秀的工作机会,那么如果目标群体是没有被雇用的年轻人,则这个群体的平均成员就是基准。

在多数欧盟国家,国家法院已经使用平均消费者测试(Average Consumer Test)。它不是一种统计学的测试。国家法院以及权威机构将必须凭借自己的判断,根据欧洲法院判例法,来决定在特定案件中,合理消费者的典型反应。

(四)商业对商业

《误导性和比较广告指令》(The Misleading and Comparative Advertising)将会保留可适用的部分,但它的范围将是有限的。它将涵盖商业对商业误导性广告,以及会损害竞争者但不会对消费者造成直接损害的比较广告,比如诋毁。

(五)商业运作中的误导性行为

行为是由经营者为了促销和销售其产品而实施的。

一种商业行为是误导性的,如果:

1. 其陈述包含虚假信息,因此无论如何是不诚实的;
2. 造成欺骗或可能欺骗平均消费者,即使该信息本身是正确的;
3. 造成或可能造成消费者采取了他本来不会做出的交易行为。

评定标准是客观的,所以没有必要证明消费者事实上被误导。如果其他要素也存在,则欺诈的可能性本身也可以认为是误导。没有必要证明经济损失。

例子:无用的头发产品

Vinci 先生收到了来自另一个国家一家公司的直接邮寄广告,广告销售一种产品,称该产品可以帮助他的头发在 3 个星期内再生,并称,该产品是经过"试验和测试的"。但是该产品并没有效果。

新指令明确地针对产品功效做出虚假声称的公司。经营者对产品功效做出声称，那么他将必须能够有证据/事实支持该声称，此处的经营者指的是在欧盟范围内的任何地方的经营者。

（六）商业运作中的误导性遗漏

遗漏所指的是消费者需要信息来做出知情选择的事实。经营者必须提供平均消费者所需要的具体信息。

在下述条件下，则构成误导性遗漏：

1. 经营者遗漏了平均消费者需要了解的实质性信息，造成消费者在当时的情形下，做出一项交易决定；

2. 经营者隐瞒了或者提供了不清楚、模糊的、复杂难懂的或者不及时的信息；

3. 没有明确说明在当时的背景下不是显而易见的该商业行为的商业目的。

以下情况将用作考虑判定行为是误导性遗漏：

1. 考虑全部商业行为的影响，包括表达的影响；

2. 必须清楚地展示信息：模糊的表达等同于告知的遗漏。

新指令不包括所有物质性信息的列表。消费者保护权威机构和法庭将根据不同个案，来定义平均消费者所需要的物质性信息，视情况而定。欧盟其他指令已经确定的信息需求，等同于物质性信息。新指令附件Ⅱ中提供了物质性信息要求的不详尽名单，包括社区条款（例如：《远程销售指令》责成经营者提供预先的信息以及对该信息的书面确认）。

用于商业行为传播的媒体可能会受空间和时间的限制。这些限制，以及经营者给消费者传递信息的任何其他方式，将会被综合考虑。

有些核心信息内容对"购买邀请"是必须的，不能遗漏的（例如：产品的主要特性、经营者的地址和身份，含税价格）。对于一般品牌或产品知名度的营销，则不需要这种信息。

例子：花园植物死亡

一家小型花园中心开张销售外国品种植物以及花园灌木。Dunne 先生在 3 月购买了一种可靠类型的植物，可是一星期后，该植物死亡。他发现该类型植物其实是一种室内盆栽植物，不能种植在花园里。之后，他来到购买该植物的花园中心要求退款，但被告知，该植物的死亡是 Dunne 先生自己的过错，而且他应该在购买前已经知道该植物的类型。

新指令的运用

这个花园中心必须向消费者提供达成交易必要的关键信息,除非这个信息是显而易见的。此案例中,该植物的销售环境,误导了消费者对该产品的认知(例如:把室内盆栽植物当做花园植物来销售)。

(七)侵犯性商业行为

监管侵犯性商业行为在欧盟是新的法规。

如果平均消费者的选择自由或者行为被严重损害,该行为则被视为侵犯性。

新指令包括一个标准列表,以帮助定义一种商业行为是否使用骚扰、强迫,包括使用暴力,或者不正当影响方式。

"不正当影响"意思是"利用与消费者关系中的权力,给消费者造成压力,即使没有使用或威胁使用暴力,而极大地限制了消费者做出明智决定"。

什么是属于不正当影响?

是:一个消费者已经对经营商负债,并且偿还困难,如果经营商说,在消费者购买另外产品的条件下,他才会重新安排债务偿还期限,那么这个经营商就是施加不正当影响。

否:向消费者提供刺激,比如到城外商店的免费巴士,或者购物时提供点心/饮料,这些都不属于不正当影响。消费者做出明智决定的能力并没有受到损害。同样,提供促销也是可以接受的。

(八)鉴别不公平商业行为

新指令一般条款将代替不同成员国现有的、存有分歧的条款,并且将增强欧盟内部市场的运作。

一些不在"误导性"或"侵犯性"标准规定之列,但却属不公平的行为,或许在未来会出来。一般条款将保证这个新的立法经得起时间的检验。

有两种定义标准是用来鉴别不属于误导性或者侵犯性的不公平商业行为的。一种商业行为被认为是不公平的,而且要禁止,如果它符合下列两种标准:

1. 该行为违反职业操守的要求。

职业操守是"在经营者的领域,基于诚实市场行为和/或诚信原则,经营者被合理预期的应该具有的特殊技能或谨慎"。

良好经营行为这一概念在很多欧盟成员国法律体系中都能找到。职业操守的概念是诚实市场行为和诚信原则的镜子。

2. 该行为物质上扭曲或者可能物质上扭曲一般消费者的经济行为。

"物质上扭曲消费者的经济行为"的标准是指利用一种商业行为以致明显地损害消费者做出明智决定的能力，从而造成消费者做出其原本不会做出的交易的决定。

例子：刮刮卡骗局

Rosenow 夫妇在国外度假。他们收到一张刮刮卡，表示他们获了奖，并可以跟着经营者去领奖。他们被车拉到一座偏远的建筑，没有办法回到他们逗留的城镇。在那里他们被长时间地劝说加入一家度假俱乐部（被骚扰），在被迫支付押金后他们才被送回度假公寓。

根据不公平商业行为指令，该行为是侵犯性的，因此是不公平的，即使 Rosenow 夫妇没有妥协让步、没有损失金钱。

例子：侵犯性的水管工人

Sepe 先生和一个水管工人签约，该工人来修理一个坏掉的散热器。最初 Sepe 先生被告知，将花费 80 欧元。可是，最后收到的账单却是 450.90 欧元。当他拒绝支付额外的款项，该水管工人切断了他的热水供应。

指令将这个行为归为侵犯性行为。该水管工人实施了不正当影响，滥用他与消费者关系中的相关权力。

三、新指令保护弱势消费者

指令包含防止弱势消费者被损害的条款。对"弱势"消费者的定义，取决于相关的商业行为。对于某种（商业）行为，消费者可能是弱势的，因为他们道德、心理或身体的缺陷、年龄或者容易轻信，例如，儿童或者老人。

（一）对弱势群体的损害

彩票欺诈以一般消费者为目标，但实际上只是影响到弱势消费者。可以减轻疼痛的磁性手镯广告，可能以一般大众为（广告）目标，但是只有弱势消费者会受到影响。

指令中，包含被禁止的商业行为，因为这些商业行为被认为是不公平的，而且在这种情况下，可能影响特殊弱势消费者。此类行为的例子包括：

1. 声称产品可以提高赢得比赛的机会。

2. 假称产品可以治愈疾病、功能障碍或畸形。

3. 包含直接劝说儿童购买广告商品的内容，或者是纠缠他们的父母或其他成年人,给他们购买产品("纠缠的力量","Pester Power")。

该指令中有一项"维护条款"("Safeguard Clause"),用于保护特殊弱势消费者:经营者不能够逃避不公平法规,如果他们的行为愚弄了特殊弱势消费者,即使这些行为不能被证明是以该(弱势)群体为目标。

弱势消费者可受惠于一般消费者的基准测试(Benchmark Test)。

商业行为可能物质上扭曲一个可清晰识别的消费者群体的经济行为(如精神、身体、年龄或轻信),那么要以这个群体平均成员的水平对这个商业行为进行评估。

(二)保护范围

该法令只是保护消费者的经济利益,不包括其他利益,比如:健康、安全。另外,品味和尊严也不在该指令的适用范围。

在一些成员国构成不公平竞争,但是并没有直接损害消费者经济利益的行为,比如:盲目的模仿,以及对竞争对手的诋毁,都不在本条例的范围。它们属于《误导性和比较广告指令》的监管。但是,损害消费者经济利益的商业行为,比如混淆营销,属于本指令范围。

公共健康方面

基于对健康的考虑,新指令并没有放宽对酒精饮料广告的适度国家限制。同样对高脂肪食品、含糖或盐的儿童食品的广告限制也是如此。

该指令不处理竞争法,比如:反竞争协议,滥用支配地位,兼并和收购。合同法也超出了该指令的范畴,因此指令对合同的构成、效力或影响没有关系。

该指令只适用于企业和最终消费者之间(B2C)的商业行为,因而不包括企业之间的商业行为,比如:抵制和拒绝供应。

该指令将适用于没有特别法规规定的不公平商业行为。如果有特殊行业法令,它们将优先于新指令。

当特定行业的法例只是规定了商业行为的一些方面,比如:对信息需求的内容,新指令将适用于其他内容,例如:该特定行业的法例所要求的信息是否以误导的方式提出。

品味和道德风化

展示裸体妇女的广告在一些国家可能被禁止,并不是出于保护消费者经济利益的原因(人性尊严、品味和道德风化)。该问题不属于指令规范范畴。因此,此类广告可能在一个成员国被禁止,但在另一个成员国被允许。品味和道德风化问题在欧盟并不统一,依然存在差别。

四、黑名单

基于指令，某些商业行为在全欧洲完全被禁止。为了保证经营者、市场营销专业人士以及消费者能够清楚哪些行为被禁止，而制定出一份不公平行为的黑名单。哪些类型的商业行为在黑名单中呢？

黑名单上的商业行为，在任何情况下，都属于不公平的；不需要像指令中其他条例规定的那样逐个案例评估。该名单只可能在欧盟级别修改，通过欧洲议会和评议会（成员国代表）修订该指令。

包括什么？

（一）信任的标志和规则（Trust Marks and Codes）

1. 经营者不是，却声称是一个行为规则的签署者。

2. 展示没有取得的信任标志、质量标志或同等标志。

3. 声称一种行为守则已经获得公众或其他机关认可，但事实上并没有。

4. 声称经营者（包括其商业行为）或产品已经获得批准、认可或公共/私人机构授权，事实上他/它并没有得到批准、认可、授权。

（二）诱饵广告

以特价邀请购买，却没有披露任何合理的理由表明交易商相信，他能够提供供应，或促成其他交易商供应；这些特价商品或同等商品，在一段时间，以这样的价格供应，而且关于产品、广告范围以及所提供的价格，在数量上是合理的。

例子：没有库存（Stocks won't last）

一个手机广告以低于市场价格出售一款手机，但经营者去没有合理的库存，来满足基于广告所预期的需要。

（三）诱饵和开关（Bait and Switch）

以特价做出购买邀请，然后：

1. 拒绝向消费者展示广告中的项目；

2. 拒绝对该特价商品下订单，或拒绝在合理时间内送货；

3. 出于促销另一种商品的目的，而示范该特价商品的有缺陷的样品。

（四）有限提供：特殊提供，只在今天

虚假说明产品只在有限的时间内供应，或只在以特定条件构成的有限时间内供应，其目的是使消费者立即做出决定，剥夺了消费者用以做出明智选择的足够机会和时间。

（五）售后服务的语言：英语营销，瑞典语售后服务

经营者在交易前，承诺售后服务用消费者当地语言进行，而后却提供其他的语言，而这些在交易前并没有向消费者清楚地说明。

（六）对不能合法出售的商品做广告

声称或制造某商品可以合法出售的印象，而事实上不能合法出售。

（七）对消费者造成误导性印象："特别为你"

把法律上赋予消费者的权利，表达成经营者自己的特殊恩惠。

例子：不是这样的特别优惠

在互联网上发布商品广告，并声称："当你从联合贸易（United Trade）购买产品，我们将向你提供联合贸易的特别优惠，收到货物后，在 10 天内取消合同，我们将把钱退还给你。"这样的广告应被禁止，如果这种权利来自法律法规。

（八）广告新闻：混合消息

在媒体中的新闻部分刊登经营者付费的推销一种商品的新闻内容，但是却没有用图像、画外音等能够以消费者明了的方式表明它的性质（广告新闻）。这不妨碍评议会指令 89／552/EEC。

例子：隐藏广告

一本旅行杂志上，有关游历挪威的文章，包括对某品牌野营装备如何适合这种旅行的描述，因为该品牌野营装备的生产商，已经为此付费，如果读者没有被告知这一点，则属于隐藏广告。

（九）将安全作为营销论点：过分利用人们对安全风险的恐惧

做出一个物质上不准确的声称，声称如果消费者不购买该产品，则涉及他个人及家人所面临的危险性质和风险程度。

（十）诱饵："有信誉的品牌，或者不是？"

"推广一种产品，该产品类似于另一种以特殊生产方式制造的产品，通过这种方式，误导消费者，使其相信所推广的产品是以同样的生产方式所造，而事实上并不是。"

（十一）金字塔直销计划

建立、运营或者促销推广金字塔直销计划，在这个计划中，消费者可以获得补

偿的机会,主要是把其他消费者介绍进该计划,而不是以产品销售和消费为主要因素。

例子：不公平的网络

通过网络营销计划销售美容产品,想要加入该网络成为分销商,就必须支付加盟费,而该加盟费与所收到的教育材料(例如：关于产品的信息)的价值,或者加入网络的行政花费不相称,而且薪酬的主要来源是招募其他人加入该网络。

(十二) 虚假声称迁移处所或停业："租约到期！清仓!"

声称经营者将停业或迁移处所,而事实上他没有。

例子：地毯商店停留(Carpet store stays)

一家出售地毯的商店,在窗子上挂了一个大招牌,写着："库存到期"、"关闭出售"、"租约到期——清仓",而事实上该经营者并没有将要离开,也没有清仓。

(十三) 增加获胜机会：如何中奖(赢得彩票)

声称该产品可以增加获胜机会。

虚假声称治愈功能：

虚假声称一种产品可以治愈疾病、功能障碍或者畸形。

(十四) 市场信息

传递与市场情况有重大偏差的信息,或者与找到该产品的可能性有重大偏差的信息,目的是诱导消费者错误理解市场情况,购买产品。

例子：恐吓战术

出售安保产品(比如警报)的经营者展示某城镇特定地区的盗窃案数据,意在表明城镇的这部分地区特别危险,而事实上,并不是这样。

(十五) 奖品："恭喜！你中奖了"

声称一种商业行为提供竞赛或奖品促销,却没有颁发广告中描述的奖品或合理的同等物品。

(十六) 制造免费提供的虚假印象："免费的太阳眼镜"

用"免费的"、"无偿的"、"不用付钱"或者类似词句描述一种产品,消费者除了不可避免的消费之外,却被要求为该商业行为支付其他费用,如运费等。

例子：可疑行为

一份邮购目录广告，说明你会收到免费礼物，比如：一副太阳眼镜，而事实上，该礼物只提供给订购了该目录中其他产品的人。

（十七）没有订购的产品

包括发票或者付款通知中包括消费者没有订购的产品，给消费者一种订购了这个产品的印象，而事实上，他并没有订购。

（十八）专业经营者伪装成消费者

虚假声称或者制造一种印象，经营者并不是出于和他的贸易、商业、工艺或专业相关的目的而行动，或者伪装成一个消费者。

例子：伪装的二手车销售员

一个经营者销售二手汽车（不是他自己的私人汽车），通过当地商店的广告牌做广告，但并没有透露该销售是他二手汽车销售业务的一部分。

（十九）售后服务："欧洲联保"

制造一种虚假印象，在该产品出售国以外的成员国，也可以享受与产品相关的售后服务。

（二十）压力销售："是的，一旦完成手续，你就可以离开。"

制造一种印象，如果消费者不签订合同，就不能离开其经营场所。

（二十一）侵犯性的上门销售

"是的，我会离开，只要完成手续。"

私自到消费者的家里，而不顾消费者的意愿，除非这种行为有国内立法的依据。

例子：不接受"不"的回答

一个销售真空吸尘器的经营者进入消费者的家中展示其产品，并坚持销售演示，而不顾消费者已经表示对该产品不感兴趣。

（二十二）固执和不需要的推销

用电话、传真、电子邮件或其他远程媒介不停地并且使人厌烦地推销，除非该行为是国内法规定履行合同义务的正当的情形。

这不妨碍指令 97/7/EC 第 10 条款，以及指令 95/46/EC 和指令 2002/

58/EC。

（二十三）保险索赔（Insurance claims）：没有人接听电话

为了阻挠消费者实现其合同权利，要求主张保险利益的消费者提供单据，而这些单据对于其权利主张是否失效或者中断根本没有关系。

例子：不切实际的要求

对于想要为遗失行李索赔的顾客，要求其出示与索赔相关的所有物品的收据。

（二十四）对儿童的直接劝说："去买这本书！"

在广告中直接规劝儿童购买广告产品或者说服父母或其他成年人为儿童购买广告产品。该条款不妨碍指令 89/552/EEC 中第 16 号关于广播电视的条令。

例子：容易被操控

一个流行儿童电影的影碟上市了，该广告称："Fondi 的爱丽丝和魔法书现在已经出影碟了，告诉你们的妈妈到当地报亭去取。"

（二十五）惯性推销

经营者提供退货或安全保障服务强行收取费用或者要求延期付费，而消费者并没有要求获得此项服务，除非是在根据指令 97/7/EC（惯性推销）条例 7(3)允许的情况下。

（二十六）情感压力

明确告知消费者，如果他不购买产品或者服务，经营者的工作或者生活将处于困境。

（二十七）获奖

制造消费者已经赢得、将要赢得或做出某行为就会赢得奖励或相当的利益的假象，而实际上不存在奖励，或消费者必须付费以领取该奖励。

例子：没有一样东西是免费

邮件中的广告单声称："你已经获得一张免费 CD"，但消费者必须购买一件产品，才能获得该"奖品"。

五、执行指令

（一）欧盟指导，国家行动

有效执行该指令是各成员国的责任。欧盟委员会与各成员国共同努力，以确保新指令及时、准确地纳入国家法律。欧盟委员会将验证指令在国家执行措施。

欧盟委员会没有执法权力，也不能干预个别案例。在实践中执行法规，仍然是国家消费者保护机构和法庭的工作。指令要求成员国对违反法规的经营者采取有效的制裁，以遏制不公平商业行为。

（二）和谐的重要性

各成员国不得超越该指令所提供的保护级别。否则，在欧盟内部市场建立一套单独法规的积极影响将不能实现。

委员会将从指令中完整统一的标准，探求可能在国家级别出现的偏差。

此外，各国法律在相近领域仍存在的分歧，可能因阻碍商品或服务的自由流通而不被执行。

该指令中的相互承认条款将阻止国家执法机构或法庭，利用此类国家法律，来禁止符合该指令的，来自其他成员国的跨国商业行为。

这些机制加强了统一执行和应用，以及法律的确定性，对经营者和消费者同样至关重要。

第四章　英国对口碑营销和病毒营销的监管

英国对口碑营销与病毒营销的监管主要体现在两个领域。一个领域是法律领域，通过制定相关法律来规范商业传播行为。另一个是通过行业自律守则来使业界自我约束。

英国作为欧盟国家，也需要通过法律来推行 2005 年 6 月 12 日生效的欧盟的《不公平商业行为指令》。英国于 2008 年 5 月 8 日通过《不公平贸易消费者保护法规》(The Consumer Protection from Unfair Trading Regulations 2008)，并于 2008 年 5 月 26 日开始执行。在这个新法律条例中，任何品牌商家在使用个人消费者为品牌做宣传时，如果不真实反映信息，就可能涉及刑事罪行。如果厂商在网络上有植入广告，但不披露，则有可能被起诉刑事犯罪。厂商如果触犯这个条例，将会被罚款，甚至入监。按这个法规规定，博客主如果是厂商的推销人，并在自己的博客上植入广告信息，但却是以消费者身份出现，没有披露他们与商家间的物质交换关系。这种行为将被视为犯罪，有可能面临刑事起诉。

在行业自律方面，英国行业自律组织"广告行为委员会"（Committee of Advertising Practice）2010 年出台了最新版的《非广播广告、销售推广与直接营销守则》，来规范"营销传播"（Marketing Communication）行为。广告行为委员会简称 CAP，负责起草、制定、修订并推行行业守则，其中包括印刷媒体、广播媒体、直销传播、互联网传播与销售促销传播中的行业行为准则。负责监管执行的机构是"广告标准管理局"（The Advertising Standards Authority）。广告标准管理局（ASA）成立于 1962 年，它并不是一个政府机构，也不是由英国政府提供资金，它的运作经费来自广告行业缴纳的税务。它的职责是规范广告内容，促销和直销传播的行为，并接获与调查对广告、促销或直销的投诉，并决定这些广告与传播行为是否符合 CAP 标准守则。

在最新版的守则中，有专门条款定义病毒营销："是电子邮件、文字或其他非广播营销传播，旨在刺激接受者传播该种子，以产生有利营销商的重大商业利益或声誉。病毒广告通常是广告营销人员投放（种子），并通过明示或暗示，要求该信息被转发给其他人。有时,信息是一段视频或网站链接,这些都是销售推广活动的一部分。"守则中规定营销传播的原则是"合法的、体面的、诚实的和真实的",同时应该对社会与消费者负有"责任感"。守则中有专门一章要求营销传播必须能够清楚地识别。另外在"支持与推荐"一章中,有关条款可以适用于网络上的病毒营销活动。

《不公平贸易消费者保护法》

以下部分大致翻译了《不公平贸易消费者保护法》一些基本内容,译文同时保留了法律原文的序号。

禁令

对于不公平商业行为的禁令

(1) 不公平的商业行为是被禁止的。

(2) 第 3 段和第 4 段列出了商业行为不正当的表现。

(3) 一个商业行为是不正当的,如果:

(a) 违反职业行为品质要求;

(b) 并且对平均消费者在涉及某个产品的经济行为上造成、或者很有可能造成物质的扭曲。

(4) 一个商业行为是不正当的,如果:

(a) 依据本条例 5,它是一种误导性行为;

(b) 依据本条例 6,它是一种误导性的省略;

(c) 依据本条例 7,它是侵犯性商业行为,或者是在附录 1 中被列出(的商业行为)。

对不公平商业推广行为的禁令

条例四:①

下述不公平商业推广行为都是被禁止的。

误导性的行动:

条例五:

(1) 一种商业行为,如果符合第 2 段或者第 3 段情况,就构成误导性的行动。

(2) 商业行为符合这一段内容:

---

① 有些不太相关的条例被省略。

（a）其陈述包含虚假信息，因此无论如何是不诚实的，造成欺骗或可能欺骗平均消费者。即便信息本身在事实上是准确的，但是如果涉及以下一种或多种因素，造成或可能造成消费者采取了他本来不会做出的交易行为，也被认为是不公平的。

（b）一种商业行为即使不包含虚假信息也可以被认定是误导性的，如果根据当时具体的情况，考虑到其特点和环境，对平均消费者造成或可能造成他原本不会做出交易决定的误导。

（3）商业行为符合这一段内容：

（a）任何对产品的营销，包括对比性的广告，构成对任何产品、商标、商品名称或者对其他竞争者的著名商标的混淆。

（b）经营者没有履行应当遵守的守则中的承诺，如果：

（i）经营者表明其会受到该行为守则的制约。

（ii）该承诺不是凭空杜撰的，而是已确立的并可证实的商业惯例，而且该惯例造成或者可能造成平均消费者作出如果没有该惯例他们可能不会作出的决定。

（4）第2段中涉及的问题，包括：

（a）产品的存在或性质；

（b）产品的主要特性（如第5段所定义的）；

（c）经营者的责任范围；

（d）商业行为的动机；

（e）销售过程的性质；

（f）任何与经营者或产品的直接或间接的赞助或认可有关的陈述或标志；

（g）价格或价格计算方法；

（h）某种具体的价格优势的存在；

（i）某种服务、零部件、替换或修理的需要；

（j）经营者或其代理人的品质、属性和权利（如第6段所定义的）；

（k）消费者的权利或可能面临的风险。

（5）第4段中，"产品的主要特性"包括：

（a）产品的效性；

（b）产品的益处；

（c）产品的风险；

（d）产品的使用；

（e）产品的成分；

(f) 产品的附加物；

(g) 售后服务；

(h) 投诉处理；

(i) 产品制造的方式和日期；

(j) 产品供应的方式和日期；

(k) 产品的运输；

(l) 产品的适用性；

(m) 产品的用途；

(n) 产品的数量；

(o) 产品的说明；

(p) 产品的地理或商业来源；

(q) 根据产品用途期望达到的结果；

(r) 产品列出的化验或检查的结果或物质属性。

(6) 第(4)段中,经营者的"属性,品质和权利"包括经营者的：

(a) 身份；

(b) 资产；

(c) 资质；

(d) 地位；

(e) 认可；

(f) 联系或关系；

(g) 工商业所有权或知识产权；

(h) 获得的奖励和荣誉。

(7) 在第(4)段中,消费者的权利包括依据 1979 年(a)《货物买卖法》第 5 部分,或者 1982 年(b)《产品与服务的供应法》所规定的权利。

误导性的省略：

条例六：

(1) 一种商业行为是误导性的省略,如果属于第(2)段所列明的情况：

(a) 该商业行为遗漏实质性信息；

(b) 该商业行为隐藏实质性信息；

(c) 该商业行为提供不清楚、无法理解、模棱两可或不及时的实质性信息；

(d) 没有明确说明在当时的背景下,不是显而易见的该商业行为的商业目的,而且造成或可能造成平均消费者原本不会做出的交易决定。

(2) 第(1)段所涉及的情况是：

（a）该商业行为的所有特征和环境；

（b）商业行为所使用的媒体对空间和时间有限制的情况；

（c）在商业行为所使用的媒体对空间和时间有限制的情况下，这些限制条件以及经营者通过其他方式给消费者所传递的信息。

（3）第（1）段中，"物质性信息"的意思：

（a）这些信息是消费者需要的，根据信息的内容，作出一项交易决定；

（b）任何提供信息的需要，关系到商业传播，是社会义务的结果。

（4）当商业行为是一种邀请购买，下列信息将会是物质性的，如果不是已经在内容中出现，除了第（3）段的其他物质性信息：

（a）与购买邀请传播的媒介和产品的合适的产品特性；

（b）经营者的身份，比如他的经营名称，以及任何其他代理人的身份；

（c）经营者以及任何其他代理人的地址。

（d）下述中任何一项：

（ⅰ）价格，包括各种税项；

（ⅱ）产品的属性令价格不能被预先明确计算时，价格的计算方法。

（e）适用于下述中的任何一项：

（ⅰ）所有的额外费用，运输费或邮费；

（ⅱ）如果这些费用不能预先明确计算，这些费用可能被支付的事实。

（f）下列情况是违反职业行为品质的要求：

（ⅰ）支付安排；

（ⅱ）运输安排；

（ⅲ）合同履行；

（ⅳ）受理投诉。

（g）是否有权利撤回或取消该交易行为。

侵犯性商业行为：

条例七：

（1）下列情况，属于侵犯性商业行为：

（a）严重损害或可能严重损害消费者选择的自由，或者以折磨、强迫或威逼等方式逼迫、误导消费；

（b）因此造成或者可能造成消费者交易的决定。

（2）通过以下方面，判断商业行为是否使用折磨、强迫、威逼等不正当影响手段：

（a）该商业行为的时间、地点、属性或者存在性；

（b）使用威胁性或者侮辱性语言或行为；

（c）经营者夸大宣称任何特定的不幸和情况达到重大的程度从而影响消费者对于产品的决定；

（d）当消费者想要实现包括中止合约或者换货或者换其他经营者等合同规定的权利时，经营者强加给（消费者）负有法律责任或不成比例的非契约障碍；

（e）任何不合法的胁迫行为。

（3）在此项法规中：

（a）"强迫"包括使用物质（肉体）的暴力；

（b）"不正当影响"意味着通过利用和消费者相关的权利，对消费者造成压力；即便没有用肉体的暴力相威胁，但严重限制了消费者作出决定的能力。

犯罪

与不公平商业行为相关的犯罪

条例八：

（1）经营者出现以下情况属于犯罪：

（a）他明知或不顾后果地从事条例3（3）（a）列明的，违反职业行为品质要求的商业行为。

（b）根据条例3（3）（b），这种商业行为物质上误导或者可能物质上误导平均消费者对产品的经济行为。

（2）根据第（1）（a）段内容，经营者从事商业活动，却不顾此行为是否违反职业行为品质要求，将被认为是不顾后果的商业行为。不论该经营者是否有理由相信此商业行为可能违反要求。

条例九：除商业行为满足条例5的条件之外，如果经营者从事的商业行为是条例5所列明的误导性行动，该经营者即属犯罪。

条例十：如果经营者从事的商业行为是条例6所列明的误导性的省略，则经营者属于犯罪。

条例十一：如果经营者从事的商业行为是条例7所列明的侵犯性行为，则经营者属于犯罪。

条例十二：如果经营者从事的商业活动是附录1中，第1～10段、第12～27段或第29～31段内容的任何一项，则经营者属于犯罪。

对犯罪的惩处

条例十三：触犯条例8、9、10、11或12将被处以：

（a）在即决裁定上，可处以不超过法定最高限额的罚款；

（b）在经公诉程序的判决上，可判处罚金或不超过两年的监禁，或者两者（罚金、监禁)兼有。

起诉的时限

条例十四：

(1)根据这些条例所订的罪行,超过以下时限,将不再提起诉讼。

(a) 从开始犯罪之日起,到第 3 年结束；

(b) 从原告(控方)发现犯罪之日起,到第 1 年结束。

以较早者为准。

(2) 根据第(1)(b)段,签署的证明书或原告的代表,陈述犯罪被其发现的日期,将是事实决定性的证据；证明书陈述事实并且支持事实,签署(证明书)将被当作是如此签署的,除非相反方得到证明。

(3) 尽管有《裁判法院法》1980(a)的第 127 节 (1),与这些条例所列明的犯罪相关的信息,可由英格兰和威尔士裁判法院审理；如果(诉讼)在犯罪开始后 12 个月内被提出,可能被(英格兰和威尔士裁判法院)审理。

(4) 尽管有《刑事诉讼程序》(苏格兰)1995(b)的第 136 节,在苏格兰,对这些条例所列明的犯罪的即决裁定,可能在犯罪开始后 12 个月内开始。

(5) 为了实施第(4)段,《刑事诉讼程序》(苏格兰)1995 将被适用,因其适用于该段的实施。

(6) 尽管有《裁判法院(北爱尔兰)法令》1981(9),对这些条例所列明的犯罪的诉讼,可在北爱尔兰由法院判决；如果在犯罪开始后的 12 个月内提请(诉讼),可能会这样审理。

团体犯罪

条例十五：

(1) 法人团体从事这些条例所列明的犯罪,下列情况得到证明：

(a) 团体的负责人同意或纵容犯罪；

(b) 被归因于他的任何疏忽,该负责人以及该法人团体犯罪,可被提起诉讼并被判罚。

(2) 在第(1)段中,可参考的法人团体负责人,包括：

(a) 董事、经理、秘书或同类人员；

(b) 声称担当董事、经理、秘书或同类职务的人员。

(3) 有苏格兰人伙同从事这些条例所列明的犯罪,以下情况得到证明：

(a) 合伙人同意或纵容犯罪；

(b) 被归因于他的任何疏忽,合伙人以及该合作伙伴犯罪,可被提起诉讼并被判罚。

（4）第（3）段中，供参考的合伙人，包括声称担当合伙人的人。

尽职调查辩护（Due Diligence Defence）

条例十七：

（1）在对一个人针对条例9、10、11或12提出诉讼时，对该人的辩护证明：

（a）犯罪是归因于：

（ⅰ）一个错误；

（ⅱ）依赖他人所提供信息；

（ⅲ）另一个人的行为或违约；

（ⅳ）一起事故；

（ⅴ）其他不可控制因素 。

（b）他（被告）已采取一切合理的防御措施，并已尽一切应尽的义务，避免他本人或者任何他能控制的人从事犯罪。

（2）未经法庭许可，任何人不得以第（1）（a）中，第（ii）或第（iii）段内容，作为第（1）段内容所提供的答辩理由。除非：

（a）他已经向控方提交书面通知，给出信息，提供或协助查明其他人（共犯）的身份；

（b）该通知在听证会前至少7整天，提交给控方。

广告出版物无罪辩护

条例十八：

（1）对任何人，通过广告出版物从事条例9、10、11或12所列明的犯罪的诉讼，对此人（被告）的辩护可以证明：

（a）此人所从事商务是发布或安排发布广告；

（b）他收到广告用于发布，是普通的商业行为；

（c）他不知道，也没有理由怀疑，广告的发布会与诉讼的犯罪相关。

（2）在第（1）段中，"广告"包括目录、通知函件和价目表。

执行

执行义务

条例十九：

（1）执行这些条例是每一个执行机构的义务。

（2）执行机构是当地度量衡机关（Weights and Measures Authority），则第（1）段中提到的义务，将在机构所在地区内，执行条例。

（3）执行机构是北爱尔兰地区的"企业、贸易与投资部"（Department of Enterprise, Trade and Investment），则第（1）段中所提到的义务，将在北爱尔兰地区执行条例。

（4）在决定如何履行执行义务的时候，每一个执行机构都必须考虑到，通过已确定的方法，鼓励对不公平商业行为加以控制的愿望，这考虑到了适用于个别案例的情况。

（5）本条例将不授权给任何执行机构在苏格兰的诉讼权利。

以下一些执行细节和补偿条款被省略。

附录一：条例3（4）（d）

所有情况下，商业行为被认为是不公平的：

1. 该交易商并不是，却宣称是一项行为守则的签字者；

2. 显示一项信任标志、质量标志或同类标志，而该标志并没有获得必要的授权；

3. 声称一项行为守则获得公众机构认可或者其他团体认可，而事实上并没有获得认可；

4. 声称一位经营者或者一个产品已经被公众机构或者私人团体批准、认可或者授权，而该交易商、该商业行为或者产品并没有获得批准、认可、授权，或者在其还没有获得正式批准、认可或者授权的时候，就作出该声明；

5. 做出购买特价商品的邀请，但没有透露存在任何合理范围，该经营者可能不能提供该特价服务；或者不能按照广告的内容提供该产品、该产品的数量以及价格（诱饵广告）；

6. 做出购买特价商品的邀请，然后出于对不同商品促销的目的（诱饵和转换）：

（a）拒绝向消费者出示广告中所提到的特价品；

（b）在合理的时间内，拒绝接受特价品订单或者拒绝交货；

（c）示范特价品中一个有缺陷的样品。

7. 虚假说明商品只在很有限的时间内有售；或者以特定条件作为有限的时间，只在该特定条件下有售，其目的是促使消费者立即决定，而且令消费者没有足够的机会或者时间，作出明智的选择；

8. 承诺向消费者提供售后服务，该经营者在交易前使用一种语言，但在交易后，只能用另外一种语言非购买者国家官方语言提供售后服务；

9. 指明或制造该残品可以合法出售的印象，事实上不能；

10. 把法律规定应该向消费者提供的权益介绍成经营者的一个特殊优惠；

11. 在媒体中的新闻部分刊登广告商付费的广告新闻，但是却没有用图像、声音或其他方式让消费者明了内容的性质；

12. 做出一个关于特性，以及如果消费者不购买该产品，对消费者个人安全或其家庭所造成的风险程度，实质上不准确的说明；

13. 促销一种商品，而该商品与特殊厂商制造的产品类似，在这种意义上，是故意误导消费者，是他们认为该商品是同一厂商所生产，而事实上不是；

14. 建立、运营或推广一项层压式促销计划，消费者获得报酬主要不是来源于销售，而且来源于推荐其他消费者加入计划；

15. 声称该交易商将要停业或者搬迁，事实上并不是；

16. 声称该产品可以增加游戏中的获胜机会；

17. 虚假声称产品可以治愈疾病、功能性障碍或者畸形；

18. 关于市场情况或者找到该产品的可能性，传递实质上不准确的信息，其目的是诱导消费者，在比正常市场条件不利的条件下，购买该产品；

19. 声称一项商业行为提供竞赛或者奖赏促销，但没有授予所描述的奖赏或合理的同等替代物；

20. 用"礼品"、"免费"、"不收费"或类似词语描述产品，但消费者除了与该商业行为相关的、不可避免的花费以及运货费之外，还必须支付其他费用；

21. 买卖文件中，如收据或者类似文件，加入不实条款给消费者一种他已经订购某个产品的印象，而事实上他还没有（订购）；

22. 虚假声称，或者制造该经营者不是为了与他的贸易、商业、工艺或者职业相关而行动的印象；或者自己假扮消费者；

23. 制造一种与产品相关的售后服务，在除了产品销售地之外的欧洲经济区国家适用的虚假印象；

24. 制造某种印象，使消费者以为如果不签订合同就不能离开其经营场所；

25. 私自到消费者的家里，而不顾消费者的意愿，除非这种行为有国内立法的依据；

26. 用电话、传真、电子邮件或其他远程媒介不停地并且使人厌烦地推销，除非该行为是国内法规定履行合同义务的正当的情形；

27. 为了阻挠消费者实现其合同权利，要求主张保险利益的消费者提供单据，而这些单据对于其权利主张是否失效或者中断根本没有关系；

28. 在广告中直接规劝儿童购买广告产品或者让他们说服父母或其他成年人购买广告产品；

29. 经营者提供退货或安全保障服务强行收取费用或者要求延期付费，而消费者并没有要求获得此项服务，除非有替代条例如依据《消费者保护条例 2000》（惯性推销）(Inertia Selling)(a)中，条例 19(7)（远程销售）(Distance Selling)；

30. 明确告知消费者，如果他不购买产品或者服务，经营者的工作或者生活将处于困境；

31. 制造消费者已经赢得、将要赢得或做出某行为就会赢得奖励或相当的利益的假象，而实际上：

（a）不存在奖励或其他同等利益；

（b）或消费者必须付费以领取该奖励。

《非广播广告、销售推广与直接营销守则》

广告行为委员会 2010 年版。① 下述部分摘要翻译了最重要的一至四章，译文保持了原文中的条款序号。

守则共分两部分（一般部分和特殊分类部分）共二十一章 。包括下述章节：

概述

一般部分

1. 守则的遵守

2. 识别营销传播

3. 误导广告

4. 伤害与冒犯

5. 儿童

6. 隐私

7. 政治广告

8. 销售推广

9. 远程销售

10. 数据库的实践

11. 环境声明

特殊分类部分

12. 药品、医疗器械、健康相关产品和美容产品

13. 体重控制及纤体

14. 金融产品

---

① 守则全文可去广告行为委员会官方网站下载：www.cap.org.uk.

15. 食品、食品补充剂和相关健康或营养声称

16. 赌博

17. 彩票

18. 酒类

19. 驾驶

20. 就业、家庭工作计划和商业机会

21. 烟草、卷烟纸和过滤器

概述

本守则为第 12 版,于 2010 年 9 月 1 日生效。取代了所有以前的版本。

Ⅰ. 该守则适用范围:

a. 在报纸、杂志、小册子、传单、通告、信件、电子邮件、文本传输(包括 SMS 和 MMS)、传真传输、邮购目录等所有电子或印刷材料上的广告;

b. 在公共场所张贴海报和其他宣传媒体,包括移动的图像的广告;

c. 电影、视频、DVD 和蓝光的广告;

d. 非广播电子媒体中的广告,包括但不限于:互联网上所有类型的付费广告(包括横幅或弹出式广告和在线视频广告)、付费的搜索列表、优惠列表、病毒广告(定义见该守则(ⅰ))、游戏中的广告、商业分类广告、广告游戏、蓝牙中的广告,以及其他网络促销及奖金推广;

e. 包含消费者个人信息的营销数据库;

f. 非广播媒体的促销;

g. 广告专辑(定义见Ⅲk)。

Ⅱ. 该守则并不适用于:

a. 广播电视中播出的广告(另见 BCAP 守则);

b. 部分由 PhonepayPlus 覆盖的营销传播服务 ;

c. 在国外媒体上的营销传播;等等。

Ⅲ. 守则中涉及的定义:

a. 产品:包括货物、服务、观念、原因、机会、奖品或礼品;

b. 消费者:是任何可能看到营销传播的人,无论是不是在交易过程中;

c. 英国:包括马恩岛和海峡群岛;

d. 声称:可以是暗示或直接的书面、口头或视觉的;某产品名称也可以构成一个声称;

e. 守则:分为数条规则;

f. 营销传播:包括Ⅰ部分中的所有形式;

g. 营销者：包括广告主、销售商或直接营销者；

h. 供应商：是给远程销售营销传播提供产品的任何一个人；

i. 儿童：16 岁以下的人；

j. 企业用户包括在英国的有限公司等；

k. 广告新闻（Advertorial）是一种广告性质的特写和推广，它的内容是受控于营销者，而不是出版商，这是互惠的安排；

l. 病毒广告：是电子邮件、文字或其他非广播营销传播，旨在刺激接受者传播该种子，以产生有利营销商的重大商业利益或声誉。病毒广告通常是广告营销人员投放（"种子"），并通过明示或暗示，要求该信息被转发给其他人。有时，信息是一段视频或网站链接，这些都是销售推广活动的一部分。

1. 守则的遵守

原则

营销传播的中心原则是，它们都应该是合法的、体面的、诚实的和真实的。所有的营销传播应该社会同消费者有责任感，并体现本守则的精神。

规则

1.1 营销传播应该是合法的、体面的、诚实的和真实的。

1.2 营销传播必须体现本守则的精神，不只是文字。

1.3 营销传播必须对社会和消费者有责任感。

1.4 营销者必须遵守所有一般规则和相关部门的具体规则。

1.5 营销传播不应该使广告业蒙羞。

1.6 营销传播必须尊重企业的普遍接受的公平竞争的普遍原则。

1.7 对广告标准管理局会查询的任何不合理的拖延回应会被认为是违反本守则的行为。

1.8 营销传播必须遵守的本守则。遵守守则的主要责任在营销商。其他参与者如代理商、出版商和供应商也有义务遵守本守则。

1.9 营销人员应公平地对待消费者。

合法性

1.10 营销商必须保证他们的营销传播活动是合法的，他们应该遵守法律，不得授意任何人去打破它。

2. 识别营销传播

背景

守则的其他部分包含特定产品或特定观众的传播守则，旨在保护消费者免受市场营销传播误导。

规则

2.1 营销传播必须能够明显地被识别。

2.2 不请自来的电子邮件营销传播必须是无需打开也能明确确定为营销传播。

2.3 营销传播不得虚假声称或暗示营销者是一个消费者,或者其在进行自己行业之外的贸易和商业活动;营销传播必须明确显示自己的商业目的,如果这在当时的情境中不是很明显的话。

2.4 营销商和出版商必须清楚地表明广告新闻专辑的营销传播性质,例如,在专辑上置标题"广告特写"。

3. 误导性广告

规则

一般性规则

3.1 营销传播必须没有物质性误导或物质性误导倾向。

3.2 那些平均消费者不会被轻易误导的明显的夸张或声称是可以被允许的。

3.3 营销传播不能通过遗漏物质性信息来误导消费者。他们不能通过隐藏信息或不清楚、不及时提交的信息的方式,误导消费者。

物质性信息:是消费者对某产品做出明智的决定所需要的信息。物质性信息的遗漏与披露是否会误导消费者取决于当时的背景与使用的媒体。

3.4 在营销传播中如果有产品报价,物质性信息包括:

3.4.1 该产品主要特点;

3.4.2 营销者和他们经销的厂商的身份标识(例如,商业名称)和地址;

3.4.3 产品的价格,包括税等;

3.4.4 运费;

3.4.5 安排付款、交货、投诉处理等;

3.4.6 如果不同意消费者的合理期待,消费者有权撤回或取消,如果他们有这个权利。

3.5 营销传播不得通过遗漏营销人员的身份误导消费者。

一些营销传播必须包括营销人员的身份及联络资料。远程销售营销传播、数据库行为和就业营销传播等必须参见更具体的守则规定。

营销人员必须知道有些营销传播的法律要求他们必须披露他们的身份,他们应该寻求法律咨询。

3.6 主观声称不能误导消费者;营销传播不能暗示主观的意见是客观表述。

证实

3.7 在分发或提交营销传播材料出版之前,营销者必须持有文件证据,证明消费者容易被认为是客观表述的材料有客观证据。如果没有这种证据,广告标准管理局可能认定涉及的声称为误导。

3.8 在非小说出版物中的内容不应该夸大产品的价值、准确性、科学性或实际用处。营销人员必须确保那些只是根据出版物里的内容,而没有经过独立验证的声称不会误导消费者。广告行为委员会已经出版了一本《营销出版物帮助说明》。

资格品质

3.9 营销传播必须说明重大的局限性和资格品质。资格品质必须清楚而且符合他们对资格的宣称。

3.10 资格必须清楚列出。

夸张

3.11 营销传播不得通过夸大产品功能或性能的方式误导消费者。

3.12 营销传播不得将法律赋予消费者的权利说成是营销者给予的优惠。

3.13 营销传播不得将他们的声称说是普遍接受的,如果存在很大的不同观点或科学观点。

严禁的声称

3.14 营销传播不能声称产品可以增加在博彩中获胜的机会。

3.15 营销传播不能明确声称广告主的工作或生活在危险之中,如果消费者不买推销的产品。

3.16 任何营销传播都不可以推行金字塔传销计划。金字塔传销计划是指消费者主要是通过介绍其他消费者而不是通过购买或消费产品获取报酬的一种营销方式。

价格

营销传播价格陈述应该遵循商业创新与技能部(BIS)发布的《定价行为指南》。

定义

价格陈述包括价格计算方法和价格。

3.17 价格陈述不能通过遗漏、过分强调或歪曲来误导消费者。他们必须与营销传播的产品相关。

3.18 报价必须包括非选择性税、关税、费用和其他收费。

3.19 在因消费者不同条件下,如果税、关税、费用或其他收费等不能事先计算,则营销传播必须明确说明它在广告说明的价格之外,并说明价格是如何计算出来的。

3.20 营销传播在陈述价格的同时也必须说明交货方式、运费或邮费,如果这些价格不能提前计算,应该指出这种收费。

3.21 如果一个产品价格又取决于另一种产品，营销传播必须作出明确的说明。

3.22 价格声称，如"从……起"等，不得夸大消费者有可能得到的利益。

免费原则

营销传播不能用"免费"、"不付款的"、"无偿的"或者其他类似词语形容产品，如果消费者必须要支付其他不可避免的费用，如运费等来得到这些产品。

3.23 营销传播必须明确保证消费者可以享受到"免费"的产品或服务。

3.24 营销传播不能形容为一个产品或服务为"免费"，如果：

3.24.1 消费者必须支付包装费、处理费或其他行政费用；

3.24.2 回应的成本——包括消费者必须购买的产品价格等——已增加，除非增加部分是与推销成本无关的因素；

3.24.3 消费者购买的产品质量已经下降。

3.25 营销人员不能将一个包装中的某个元素称为"免费"，如果该元素已经包含在整个包装的价格中，除非消费者把它看作是一个额外的收益。

3.26 营销人员不得使用"免费试用"来形容"满意或退钱"的产品或不得退换的产品。

可获得性（Availability）

3.27 营销人员必须对广告产品作出需求的合理估计。

3.28 营销传播如在广告中给出某产品的报价，必须要给出不能在广告宣传的合理期限、提供广告产品价格的合理数量的合理原因。特别是在下述情况下：

3.28.1 如果估计需求超过供给，营销传播必须明确说明存货有限；

3.28.2 如果营销人员不打算履行订单，例如只是想评估潜在的市场需求，营销传播必须说清楚这一情况；

3.28.3 营销传播不应通过遗漏产品供应上的限制，例如地域限制、年龄限制等来误导消费者。

3.29 营销人员必须监控的存货。如果一个产品没有货，营销人员必须尽可能撤回或修订该产品的营销传播。

3.30 营销人员不得使用交换销售手段来推销。交换销售是指销售人员不展示广告产品，拒绝接受广告产品订单，不在合理时间交货，或展示有缺陷样本来促销另一种产品。

3.31 营销传播不能虚假声称营销人员即将停止交易或搬迁场所。他们也不能假称某种产品只在一个有限供应来剥夺消费者作出理智选择的时间和机会。

3.32 营销传播不能在市场条件方面误导消费者，诱使消费者在不利的情况下购买某种产品。

支持与推荐

3.45 营销者必须持有文件证据，证明在营销传播中使用的支持与推荐是真实的，除非它是明显的虚构，并有支持者与推荐人（个人或组织）的联系方式。

3.46 推荐必须要与所宣传的产品相关。

3.47 在推荐中有可能被解释为事实的声称不能误导或有可能误导消费者。

3.48 营销传播未经允许不得使用证明人推荐，除非是引用公开出版来源，如已出版的测试、试验、专业认可、研究成果或专业杂志等。

3.49 营销者不能在营销传播中引用广告标准管理局和广告行为委员会的建议，不能暗示有广告标准管理局和广告行为委员会的认可。

3.50 营销传播不能在没有必要的授权情况下，显示信任标志、质量标志或类似标志。营销传播不能声称营销商、营销传播或广告产品已被公共机构或其他机构批准、认可或授权，如果他们没有得到这样的批准、认可或授权。

3.51 营销传播不能虚假声称营销商，或其他在营销传播中提及的实体，已经签署了某个行为守则。他们不能虚假声称，一个行为守则代表公共或其他机构的认可。

3.52 营销传播未经事先许可不得使用皇室徽章或标志。

4. 伤害与冒犯

原则

营销者应考虑营销传播所处社会中的普遍标准和环境，尽量减少对社会造成的伤害和严重的广泛的冒犯的危险。

规则

4.1 营销传播不能包含任何可能导致严重的或广泛的冒犯。必须特别注意不要在种族、宗教、性别、性取向、残疾或年龄方面有得罪公众。是否违规将根据当时的情境，使用的媒体、目标受众以及普遍标准来判断。营销传播可能是令人讨厌的，但不一定违反法律。营销者应该尽可能考虑公众敏感性。

4.2 营销传播不能导致无正当理由恐惧或痛苦；如果理由正当，恐惧或痛苦也不应该过分。营销者不得使用令人吃惊的声称或图片来吸引注意。

4.3 凡提及任何死亡的人都必须特别小心处理，以免造成冒犯或困扰。

4.4 营销传播不能包含可能是宽容或鼓励暴力或反社会行为的内容。

4.5 营销传播，特别是那些面对或描绘儿童的传播，绝不能宽容或鼓励不安全的行为。

4.6 营销传播不能鼓励消费者酒后驾车。

4.7 营销人员必须特别注意不要在其营销传播中使用有可能对癫痫光敏成员产生不利影响的视觉效果或技术。

后　记

　　这本书原本计划是我的另一本关于"中国互联网公共空间"著作的最后一章。那个全球中文互联网论坛研究项目从 2004 年就开始做，花了几年的时间，搜集了大量的数据，做得很苦，也写得很累。原来的计划很大，做起来后才发现，中国的互联网的活跃性可以用日新月异来形容，研究的东西还没有整理分析出来就已经滞后了。我只好发现新鲜事物就加一章，那本著作的完工反而更加遥遥无期了，因为总有新的东西出现。

　　发现网络推手这个题目也很偶然。2008 年底，清华大学新闻与传播学院的郭镇之教授请我去她的班上给同学们讲课。曹乘瑜同学当时是大四学生，她的课上演讲内容是关于网络推手的，有一些东西于我都是第一次听说。很吃惊，也觉得相当有研究价值。

　　后来与曹乘瑜同学合作搞了这个网络推手的研究调查。不研究不知道，一研究吓一跳，在那些互联网喧嚣的下面，是一条已经成熟的资本主导的网络推手产业链，而我们的社会与网民还昏昏然沉浸在"网络民意"、"网络舆情"的理想主义乌托邦之中。特别是将如今的网络数据与我 2004 年搜集的数据比较，网络推手的运作痕迹就更加清晰了。2004 年的数据反映出来的是一种天然的网络舆论互动，而自那以后，中国互联网上的"热点"舆论就掺入了更多的推手运作，到如今已经是无推手不成"热点"了。2009 年 11 月，我们在中国新媒体传播年会上首次报告了网络推手的研究成果，会议厅挤满了人，引起了激烈的讨论。

　　也就是那次会议以后，我们决定把这篇东西单独拿出来成书，尽快出版，希望在社会上引起更多的关注与讨论。由于篇幅原因，后来又另外加了三篇：《外一篇：口碑营销》、《外二篇：病毒营销》和《外三篇：西方主要国家对口碑营销和病毒营销的监管》。当我们把口碑营销、病毒营销同它们在西方国家的发展轨迹、理论脉络与实践运作全部梳理清晰之后，我们对中国的网络推手运作又有了更深刻与全面的认识，它其实是一种病毒营销的中国发展模式。感谢浙江大学出版社李苗苗编辑以最快的速度将本书列入出版计划以及她的杰出编辑工作，感谢澳门大学学术研究委员会对我的全球中文互联网论坛研究项目的资助，特别感谢曹乘瑜同学的出色研究贡献，也要感谢澳门大学曹文鸳同学的研究助理工作。

不要迷恋网络，网络只是个传说。

吴　玫

2010 年于濠江